# 멘토링 운영 매뉴얼

# 멘토링
# 운영 매뉴얼
## Mentoring Manual

류재석 지음

ΚＳｉ 한국학술정보[주]

이 책은 멘토링 프로그램 운영 매뉴얼로서 관리자 그룹이 프로그램을 전문 관리하는 데 필독서다. 책의 내용은 멘토링 핵심주제12, 멘토링 지침서 12, 개인, 조직, 성경 이야기 등 14개, Trio 12개월 시스템 운영전략, 경영생산성, Q&A, 행정양식 등을 담았다.

**Trio1** - 관리자그룹

　　구성 - 멘토링 담당 관리자, 추진팀, 위원장. 관심있는 임직원

　　역할 - 멘토링 프로그램 관리 및 시스템운영

## 1. 멘토링 의미와 목적

**멘토링**(Mentoring)은 인간의 특성을 연구하고, 인간의 역량을 개발하며, 한 사람을 인격적인 리더로 세우는 1 : 1 인간경영 프로그램이다.

특히 관계 본능을 지향하는 인간에게 멘토링은 인류역사 이래로 그 활동이 이어져 왔고 오늘날도 사회 구석구석에서 활동하고 있으며 미래에서도 인간이 존재하는 한 멘토링 활동은 계속 진행될 것으로 예견한다.

* 멘토링의 목적: 인격적인 리더개발 (Reproducting)
* 멘토링의 목표: 개인목표 – 인격개발 (Humanity)
    조직목표 – 성과개발 (Productivity)

## 2. 멘토링의 정체성

멘토링의 정체성(Identity)은 인간이다. 그리고 핵심 주제는 인격(Character)이다. 멘토로 선정된 자는 멘제를 전인적인 서비스 즉 전문적 지원(知), 정서적 지원(情), 윤리적 지원(意)을 통하여 멘제의 잠재역량을 개발하여 인격적인 리더로 세우는, 바로 인간경영 프로그램이다. 그러므로 멘토링은 인간을 기술자로 만드는 것이 아니라 그 기술자를 인간으로 만드는 인간경영이다.

## 3. 본 저서 출간 동기

### 1) 현재 시중 출간도서 문제점

1997년부터 출간되기 시작한 멘토링 도서가 현재 시중에 30~40권이 있다. 오늘날 멘토링의 열풍은 불고 있으나 아래와 같은 문제점이 있어 고객의 욕구를 만족시키지 못하고 있는 실정이다.

(1) 대부분 원론에 머물러 있어 생산성이라는 실행 프로그램을 갖추지 못하고 있다.
(2) 감동부문만 부각시키고 논리적인 면이 약하고 멘토링이라 할 수 없는 책도 많이 있다.
(3) 멘토링에 관한 철학이 없고 대부분 그저 읽을거리에 머물고 있다.
(4) 멘토링과 유사한 코치, OJT, 팀장제도 등과 거의 차별화하지 못하고 있다.
(5) 번역서는 번역자의 멘토링 이해부족으로 내용 전달이 제대로 되지 못하고 한국 실정에 맞지 않은 내용도 있다.

### 2) 본 저서의 집필 동기
(1) 창립 10주년을 기념하여 교재를 활용한 시중 고객용 단행본 출판의 필요성을 느꼈다.

(2) 멘토링의 열풍이 불고 있는데, 논리적이고 체계적인 도서의 필요성을 느꼈다.

(3) 멘토링의 일시적 유행성 차원을 넘어 장기적으로 활용될 수 있는 프로그램을 담았다.

(4) 금번 3권은 특히 한국정서를 감안하고 각 조직에서 생산성과 연결된 내용을 담았다.

(5) 멘토링의 정체성 유지와 특히 코치, OJT, 팀장 등 일반 리더십과 차별화를 담았다.

## 4. 멘토링 Trio Books 소개

먼저 멘토링 트리오 그룹은 조직 내의 멘토그룹, 관리자그룹, 경영자그룹으로, 3가지 악기로 아름다운 화음을 일궈내는 트리오(Trio)로서 각 그룹이 제 역할을 감당함으로 책임감과 자부심, 그리고 긍정적인 분위기 조성과 전문적인 프로그램을 체계적으로 적용하여 멘토링 활동 성공률을 높이고자 함이다.

금번 각 조직에서 멘토링의 성공적인 활동 지원을 위하여 멘토링 트리오 북(Trio Books)-3권을 발간했다. 특히 발간된 책의 특징은 먼저 재미있게, 감동적으로, 논리적으로, 그리고 현장 사례를 담아 부드러운 책으로 발간했다.

# [MTB - 도서 3권 소개]

## 1 - Manual 멘토링 운영 매뉴얼

이 책은 멘토링 프로그램 매뉴얼로서 관리자 그룹이 프로그램 전문 관리하는 데 필독서다. 책의 내용은 멘토링 핵심주제 12, 멘토 탈무드, 개인 조직 성경 이야기 36개 , Q&A, 그리고 Trio 성공전략을 담았다

## 2 - Handbook 멘토링 활동 핸드북

이 책은 멘토 지침서로서 멘토그룹이 현장에서 활동 촉진하는 데 필독서다. 책의 내용은 멘토제도 이해, 멘토 기술 10, 행동지침, 멘토링 행동양식, trio 성공전략 등을 담았다.

## 3 - Leadership 멘토링 경영 리더십

이 책은 섬기는 리더십으로서 경영자그룹이 구성원들의 마음을 얻는 데 필독서다. 책의 내용은 멘토링 주요 아젠다, 경영사례 12, 경영 멘토십, 12주제별 명상록, Trio 성공전략, CEO를 위한 멘토링 등을 담았다.

# *Manual 내용 Contents

## Chapter1 멘토링 핵심주제(Theme)

－멘토링의 정체성(Identity)을 유지하고, 올바른 이론을 정립하며, 현장에서 활용할 수 있는 체계적인 프로그램 등 멘토링 전문적인 핵심 주제 12개를 선정하여 자세히 해설을 다루었다.

## Chapter2 멘토링 활동 지침서12(Rule)

－멘토/멘제가 현장 활동을 성공적으로 할 수 있도록 지혜 문서 형식으로 12주제에 104 Tip 실무 활동 지침서다.

## Chapter3 멘토링 인간경영 이야기(Story)

현장에서 개인 멘토링 이야기, 조직 멘토링 이야기, 성경 멘토링 이야기 등 3개 분야에 14개를 벤치마킹할 수 있도록 다루었다.

1) 개인 이야기: 멘토링은 인류역사 이래로 인간의 관계 본능에서 사회 구석구석에서 자연스럽게 적용되어 왔다. 소크라테스에서 플라톤, 아리스토텔레스 알렉산더 대왕으로 이어지는 멘토링, 그 시대의 각 분야에서 거루(Guru－대가)라고 일컬어지는 사람

에게는 멘토링이 반드시 이루어졌다. 개인 이야기로 5가지 사례를 담았다.

2) 조직 이야기: 유럽의 Guild, 개성상인, GE그룹, 삼성그룹 등 조직에 적용하는 멘토링은 중세 유럽의 길드(Guild-동업계 조합)제도에서 신규 가입하는 경영자에게 기존의 성공한 경영자가 1:1로 멘토링을 하는 데서 시작되었다. 거의 동시대에 우리나라 개성상인 사이에도 훌륭한 멘토링 사례를 볼 수 있다. 여기에 5가지 사례를 소개한다.

3) 성경 이야기: 하나님의 인간사랑 이야기를 담은 성경은 멘토링의 흐름이라고 볼 수 있다. 아담/하와에서 모세/여호수아, 그리고 신약에서 예수님의 멘토링, 그리고 바나바와 바울 등으로 이어지는 대표 사례 4가지를 선정하여 소개했다.

## Chapter4 멘토링 Trio 성공전략

조직 내 관리자그룹, 멘토그룹, 경영자그룹 등 3그룹이 트리오(Trio)가 되어 3가지 악기로 아름다운 화음을 일궈내듯이 멘토링에 관한 공동 관심을 갖고 각기 맡은 역할을 제대로 실행하여 성공률을 높이고자 하는 전략이다.

그룹1 - 멘토그룹 - 멘토링 6Step 활동전략
그룹2 - 관리자그룹 - 12개월 시스템 운영 전략
그룹3 - 경영자그룹 - 12개월 동기부여 경영전략

## Chapter5 멘토링 경영생산성 효과

조직개발 멘토링은 다이아몬드형 야구 Base와 같이 멘토링 활동이 이루어지면서 생산성 효과를 얻어내는 것을 의미한다.

먼저 인간관계를 활성화하여 상호 유익을 도모하고 일정기간 활동하는 동안에 목표 성공률을 높이기 위한 방법으로 각 과정(Process)마다 프로그램을 적용하고 있다. 특히 다이아몬드 조직개발 멘토링은 바로 구성원들의 활동과정에 적용하는 활동촉진 프로그램으로 멘토링 12가지 활동 목표를 향상시킴으로 조직의 생산성을 높이는 프로그램이다.

## Chapter6 멘토링 Q&A

그동안 저자는 국내외 멘토링 자료를 꾸준히 수집하고 교육교재로 개발하고 대외적으로 기고한 원고 등을 수집하여 "멘토링 인간경영 총서 10권"을 출간하고 아울러 홈페이지, 전화, 이메일을 통하여 수많은 질문에 응답을 해 주었다.

금번 저자에게 접수된 질의응답한 내용 중에서 16가지를, 그리고 밥빌 박사(Bobb Biehl, 美 멘토링 학자)의 질의응답 자료 21건을 참고자료로 소개한다.

## Chapter7 멘토링 행정양식

멘토링 행정양식은 멘토와 멘제가 실제 행동할 때 필요한 양식으로 결연식 순서, 선서, 약정서와 멘토/멘제 지원서, 멘토 및 모니터 월간 보고서, 그리고 멘토링 활동일지와 실천계획서 등을 수록했다.

# *Mentoring Manual 감사 Thanks

멘토링 코리아 설립 당시(1998. 2. 1) Bob Biehl 박사(美 멘토링 전문가)와 William Gray교수(加 브리티시 대학)로부터 전화 이메일 책자 등의 귀중한 자료를 제공받은 것에 대하여 두 분께 진심으로 감사를 드린다.

초창기부터 한국적인 정서에 맞는 올바른 이론 정립과 생산성 확보에 필수적인 실행 프로그램을 개발하는 데 전문연구원으로 동참한 민홍기 박사, 김영회 박사, 최창호 박사, 최명국 박사, 탁충실 위원 그리고 최근에 합류한 김순환 박사, 이제빈 박사, 한광훈 박사, 김해영 박사, 조병용 박사, 김동철 박사, 김성일 군목, 조주영 박사, 홍은경 박사, 안만수 박사, 전종현 위원, 박화현 위원, 문일상 위원께 감사를 드린다.

멘토링 자격증을 취득하고 전문업체로 독립하여 파트너십을 하고 있는 김호정 원장(멘토링솔루션), 이용철 원장(한국멘토링코칭센터) 나병선 대표(멘토링코링컨설팅), 홍은경 소장(핸즈코리아)과 기타 현장에서 멘토링 보급에 앞장서고 있는 59명 자격자에게 감사를 드린다.

멘토링 불모지 한국에서 모험적으로 프로그램을 최초로 도입하여 실무 관리자로 수고한 홍무용 님(00년 하이닉스반도체), 김영만 님(01포스데이타), 정성찬 님(02 이랜드), 이제화 님(02삼성SDI), 김정법 님, 안

해정 님(02 삼양사)께와 최근 체계적인 컨설팅 프로그램을 도입해서(06 / 5~12월) 성공적인 실적을 거둔 노동부 부천지청 임은주 청장, 박은경 계장, 그리고 본부 혁신 성과단 이원호 서기관님께 감사를 드린다.

멘토링은 저자에게 하나님이 25년 만에 기도의 응답으로 주신 선물(Gift)이다. 이에 감사하는 마음으로 멘토링에 열정을 가지고 다이아몬드와 같은 고품질의 프로그램으로 개발하여 1) 하나님께 영광, 2) 조직개발에 기여, 그리고 3) 많은 사람에게 유익을 주고자 한다. (고전 10: 31~33)

저자의 멘토로서 8년간 청교도 삶을 각인시킨(1980~1988) 故 김용기 장로님(가나안농군학교설립자)과 대를 이어 멘토링 관계를 이어오고 있는 김평일 교장님(가나안농군학교 교장)께 감사를 드린다.

이 책이 발간되기까지 짧지 않은 세월 속에서 기도의 응원군이 되어준 서현교회 김경원 목사님과 성도님들, 그리고 저자의 에너지 근원이 된 아내 임금자를 포함한 가족인 류환, 류현, 한현숙, 류경헌, 류지영, 안성훈에게 감사를 드린다.

마지막으로 어려운 여건 속에서도 기꺼이 출판을 맡아 수고한 한국학술정보㈜ 임직원님들께 심심한 감사를 드린다.

2008. 11. 1   저자  **류재석**  드림

# *Manual Story  차례  Index

| Chapter | Contents | |
|---|---|---|
| **1장**<br>멘토링 핵심주제 ☞ **17** | 1절. 멘토링 의미(Meaning) | 18 |
| | 2절. 멘토링 원리(Principal) | 21 |
| | 3절. 멘토 자질(Quality) | 25 |
| | 4절. 멘토 역할(Role) | 29 |
| | 5절. 멘토링 특성(Feature) | 35 |
| | 6절. 멘토링 패러다임(Paradigm) | 39 |
| | 7절. 멘토링 핵심가치(Value) | 48 |
| | 8절. 멘토링 전략(Strategy) | 56 |
| | 9절. 멘토링 영역(Scope) | 60 |
| | 10절. 멘토링 경영(Management) | 64 |
| | 11절. 멘토링 성과(Performance) | 70 |
| | 12절. 멘토링 평가(Evaluation) | 74 |
| **2장**<br>멘토링 탈무드 ☞ **79** | 1절. 멘토링 스타트(Start) | 80 |
| | 2절. 멘토링 테크닉(Technic) | 82 |
| | 3절. 멘토링 스타일(Style) | 84 |
| | 4절. 멘토링 스마일(Smile) | 86 |
| | 5절. 멘토링 테마(Theme) | 88 |
| | 6절. 멘토링 마인드(Mind) | 90 |
| | 7절. 멘토링 보이스(Voice) | 92 |
| | 8절. 멘토링 카리스마(Charisma) | 94 |
| | 9절. 멘토링 에티켓(Etiquette) | 96 |
| | 10절. 멘토링 액션(Action) | 98 |
| | 11절. 멘토링 유익(Benefit) | 100 |
| | 12절. 멘토링 마무리(Complete) | 102 |
| **3장**<br>멘토링 인간경영이야기 ☞ **105** | 1절. 개인 멘토링 5이야기 | 106 |
| | 2절. 조직 멘토링 5이야기 | 116 |
| | 3절. 성경 멘토링 4이야기 | 145 |

| | | |
|---|---|---|
| 4장<br>멘토링 Trio 성공전략 ☞ **157** | 1절. 멘토링 6-Step 활동전략 | 160 |
| | 2절. 멘토링 시스템 운영전략 | 178 |
| | 3절. 멘토링 동기부여 경영전략 | 192 |
| 5장<br>멘토링경영 생산성효과 ☞ **203** | 1절. 신입단계 멘토링 목표 | 206 |
| | 2절. 성장단계 멘토링 목표 | 209 |
| | 3절. 유지단계 멘토링 목표 | 212 |
| | 4절. 리더단계 멘토링 목표 | 234 |
| 6장<br>멘토링 Q&A ☞ **241** | 1절. 일반 Q&A Tip-21 | 244 |
| | 2절. 전문 Q&A Tip-16 | 264 |
| 7장<br>멘토링 행정양식 ☞ **299** | 1절. 멘토링 결연식 프로그램 | 300 |
| | 2절. 멘토링 활동 행정양식 | 304 |

**Episode◀** 선다싱과 나그네

선다싱(중세기독교 신비주의자)과 그 친구 한명이 히말라야산맥을 넘어 티벳으로 전도여행을 떠났다. 산중턱을 넘다가 혹한과폭설 속에서 눈속에 묻힌 나그네를 발견하였다. "난 이 나그네를 업고 갈거야. 그렇지 않으면 이 나그네는 죽는단 말일세." 친구는 반대 의견을 표시하고 혼자 산등성이를 넘어갔다. 얼마 후 나그네를 엎고 느릿한 걸음으로 산등성이를 넘은 선다싱은 깜짝 놀랐다. 먼저 간 친구가 동사했기 때문이었다. 선다싱과 나그네는 서로의 열기 때문에 동사를 면했던 것이다!

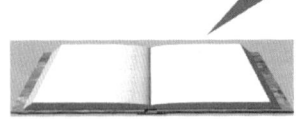

# Chapter 1

멘토링 핵심주제

—멘토링의 정체성(Identity)을 유지하고, 올바른 이론을 정립하며,
현장에서 활용할 수 있는 체계적인 프로그램 등 멘토링 전문적인
핵심 주제 12개를 선정하여 자세히 해설을 다루었다.

# 주제 1절. 멘토링 의미(Meaning)

> ☺ **탈무드**
> 인류에게는 단 하나의 조상이 있을 뿐이다. 따라서 어느 한 사람이 다른 한
> 사람보다 우월하다고 할 수 없다. 만일 당신이 어떤 사람을 죽였다면 온 인류
> 를 죽인 것과 같다. 또 어떤 사람의 목숨을 건져 주었다면 온 인류를 구한 것
> 과 같다.
> 세계는 한 사람에 의해 시작되었으므로 그 최초의 사람을 죽였다면 오늘
> 날 인류는 존재하지 않았을 것이기 때문이다.

멘토링(Mentoring)은 아주 오래된 이론으로, 그리스신화(BC 1250
년대 트로이 전쟁을 소재로 한 호머 저서)에 등장하는 오디세우스
아들 텔레마쿠스(Teelemachus)의 지도를 맡길 정도로 신임했던 그의
친구 멘토(Mentor)의 이름에서 유래했다.

오늘날 지식시대의 출현과, 지속적인 학습의 장으로 변모한 조직
의 풍토로 인해, 멘토링은 각 조직의 경영자(CEO)가 수행해야 할
가장 중요하고 가치 있는 역할 가운데 하나로 새롭게 부상하고 있
다. 역할 모델이 되고, 피드백을 제공하고, 재능을 키워 주고, 발전

을 독려하며, 개인과 팀의 장점을 이끌어 냄으로써, 경영자는 멘토링을 통해 조직 내의 결속을 다지고, 궁극적으로 조직의 업무 수행 능력과 수익성을 높일 수 있으며, 필요한 데도 떠나려는 직원들의 이직을 줄일 수도 있다.

하지만 훌륭한 스승이 되는 일이 쉬운 일이 아닌 것처럼, 멘토링은 아무나 구사할 수 있는 쉬운 기술은 아니다. 그렇다고 CEO나 리더 혹은 팀장들이 멘토가 되는 일을 두려워해서는 안 된다. 멘토의 역할을 맡을 리더들이 적은 조직에서는 훌륭한 직원들이 성장할 수 없고, 조직원들의 브레인 파워(Brain Power)를 사장시키는 조직에는 지식 시대의 미래가 있을 수 없다. 다행히 오늘날 멘토가 되기 위한 멘토링에 관한 모든 기술들은 일정한 학습과 훈련을 통해서 충분히 습득할 수 있는 것이다. 변화와 경쟁을 즐기면서 리드(Lead)하는 조직이 되기 위해서는 학습하는 조직이 되어야 하고, 학습하는 조직에는 멘토가 필요하다.

오늘날 조직들은 어제의 지식, 어제의 전략, 어제의 리더십, 어제의 기술이 더 이상 내일의 성공을 보장해 주지 않는다는 것을 깨닫고 있다. 날마다 새로운 지식, 새로운 전략, 새로운 리더십, 새로운 기술이 요구되는 시대인 것이다.

어제 대학이나 MBA 과정에서 배운 지식은 오늘 이미 쓸모가 없어지고, 과거의 파란만장했던 경험들은 내일의 전략 수립에 아무런 도움이 되지 않는다. 그렇다면 조직은 어떻게 날마다 새로운 지식과 전략과 리더십과 기술을 개발할 수가 있을까? 끊임없이 학습하는 조직이 되는 수밖에는 달리 방법이 없다. 더 빨리 배우고, 더 빨리 변화할 수 있는 조직만이 살아남는다. 그러므로 구성원들이 더 빨리 배우고, 변화를 즐길 수 있도록 리드하는 경영자, 그가 바로 오늘 우리에게 필요한 경영자요 CEO이며, 우리는 이를 멘토라 부른다.

그러나 리더와 경영자를 꿈꾸기 전에 먼저 멘토가 되라. 구성원들이 자발적으로 참여하고 끊임없이 학습하는 새로운 조직 풍토가 되기 위해서는 그의 지름길로 멘토링 선택에 관심을 갖는 것이다.

<용어정리>

1) 멘토(Mentor) – 도움을 주는 사람이며 멘제의 전인적인 삶의 조언자다.

2) 멘제(Menger) – 도움을 받는 사람이며 상대인 멘토를 통하여 자신의 역량을 개발하고자 하는 사람이다. (유사용어 Protégé(불란서에서 호칭) Mentoree(영국) Mentee (미국)

* 멘제(Menger) – 한국에서 멘토링코리아 프로그램에 의하여 형님 동생이라는 의미로 호칭한다.

3) 멘토링(Mentoring) – 멘토와 멘제가 활동(Activity)하는 상태를 말한다.(Mentoring)

# 주제 2절. 멘토링 원리(Principal)

> ☺ 소크라테스
> 가장 위급한 순간이 오면 결국 현명한 한 사람이 전체 사회를 구할 것이
> 다. 그러나 그 반대의 경우는 없을 것이다.

멘토링 프로그램은 왕자 교육이라는 고품질의 인재개발에서부터 출발한다. 한 왕자를 위하여 멘토는 20여 년간 인격을 상징한 수학, 철학, 논리학을 교재로 사용하여 전인적인 삶이라는 주제로 지혜롭고 현명한 왕으로 성장시켰다. 그러한 멘토십의 원리를 알기 쉽게 다섯 가지로 요약한다면

▲ 한 사람(a Person) 멘토가 한 사람(a Person) 멘제와

▲ 일정기간 동안 1 : 1(One to One) 관계를 맺고

▲ 멘토 자신의 역량(Competency)을 최대한 발휘하여

▲ 멘제의 특성과 잠재력을 개발하고

▲ 인격을 갖춘 차세대 리더(Post Leader)로 세우는 일이다
   (Standing Together).

## 원리 1. 한 사람 멘토(Mentor)와 한 사람 멘제(Menger)를 선정한다.

멘토 / 멘제를 선정하는 것은 특별한 기준이 있어야 한다. 일반적으로 아무나 선정하는 것 이 아니라 각 조직마다 멘토링 목표에 맞게 특정한 사람을 멘토와 멘제로 선정한다는 의미가 내포되어 있다.

## 원리 2. 일정기간 동안 멘제 중심의 1:1 관계를 맺는다.

멘토링 활동에는 조직마다 멘토와 멘제에게 약정한 기간을 설정해주어야 한다. 특히 1:1로 연결하고 활동을 하되 멘제 중심의 활동이 이뤄져야만 올바른 멘토링이라고 볼 수 있다. 당초 왕자 텔레마쿠스에 초점을 맞추고 멘토 선생이 20년간 집중적으로 열정을 다하여 현명한 지도자로 성장시켰다는 것에 유의해야 한다. 멘토나 리더가 중심이 된다는 것은 멘토링의 활동에서 본질에 크게 벗어나고 있다는 것을 알아야 한다.

## 원리 3. 멘토의 역량(Competency)을 최대한 발휘한다.

멘토가 멘제를 위하여 자신의 가장 노하우 격인 역량(남이 따를 수 없는 경쟁력 있는 능력)을 발휘하여 멘제를 업그레이드하는 데 전심전력을 다하여야 한다. 멘토와 멘제가 미팅(Meeting)이 신변잡기 차원의 모임이라면 효과를 거두기는 어렵다고 본다. 특히 멘토가 제대로 역량을 갖추고 멘제에게 전이(轉移)가 이뤄진다면 자동적으로 지식경영과 학습조직이 이뤄진다고 볼 수 있다.

## 원리 4. 멘제의 특성과 잠재력을 개발한다.

멘토링 활동이 성공하려면 가장 중요한 포인트가 멘제의 Data Base를 구축하는 것이다. 개인의 인적사항은 물론이고 상호간 관계를 더욱 돈독히 하기 위하여 예를 들면 성격분석을 통하여 멘토/멘제 상호 성격의 차이를 극복하는 데 노력하여야 한다. 잠재력이라는 것은 멘토/멘제의 가치개발에 초점을 두되 당초 멘토가 텔레마쿠스에게 20년 동안 교재로 수학, 철학, 논리학을 가르쳤듯이 오늘날 멘토링의 교육훈련의 콘텐츠(Contents)는 인격의 가치를 개발하여 업그레이드하는 데 중점을 두고 있다.

## 원리 5. 인격을 갖춘 차세대 리더로 세우는 원투원 멘토십이다.

멘토가 멘제를 일정기간 동안 멘토링함에 있어 먼저 자신의 인격, 즉 지, 정, 의에 대한 역량을 서비스하는 것이다. 멘제가 인격적으로 업그레이드한다는 뜻은 지적 분야만 힘쓸 것이 아니라 정적 분야, 절제력이나 판단력 분야 등을 균형 맞춰 개발한다는 것이다. 여기서 리더라는 뜻은 두 가지 면으로 생각할 수 있다. 첫째는 위대한 지도자로 사회적으로 큰 영향력을 발휘한다는 것이고 둘째는 조직 적용 멘토링에서 리더라는 개념은 멘토의 도움을 받은 멘제가 일정기간이

지나서 멘제 자신도 도움 주는 멘토로 생활 태도가 바뀌는 것을 의미한다.

# 주제 3절. 멘토 자질(Quality)

> ☺ 피터 드러커
>
> 경제적 발전에서 최대의 자원이 되는 것은 인간이다. 경제를 발전시키는 것은 인간이며 자본이나 원료가 아니다. 미개발국에서도 가장 필요로 하는 것은 새로운 조직을 만드는 일 - 그것은 바른 판단력을 구사하여 책임 있는 결정을 내리는 유능한 사람들을 적절하게 조직화하는 - 을 할 수 있는 사람이다.

멘토링을 연구했던 대부분의 학자들은 멘토에 대한 정의를 내리는 데 어려움과 혼동을 겪고 있다. 이 말은 멘토라는 말은 어떤 한 단어 혹은 한 문장으로 쉽게 정의내릴 수가 없다는 것이다.

멘토라는 단어 안에는 여러 종류의 의미가 내포되어 있는데, 예를 들면 교사, 인생의 안내자, 본을 보이는 사람, 후원자, 의욕을 고취시키는 사람, 비밀까지도 털어놓을 수 있는 사람, 스승 등이 있다.

어떤 사람이 멘토로 불리기 위해서는 이들 중 적어도 서너 가지의 자격을 갖춘 사람이어야 한다. 한 문장으로 정의를 내리자면 멘토는 '상대보다 경험이나 연륜이 많은 사람으로서 상대방의 잠재력을 볼 줄 알며, 그가 자신의 분야에서 꿈과 비전을 이루도록 도움을 주며 때로는 도전도 줄 수 있는 사람', 결론은 '전인적인 삶의 조언자'라고 할 수 있다.

그러면 누가 멘토가 될 수 있는가? 멘토의 자질은 무엇인가에 대해 알아보기로 하자. 멘토는 누구나 될 수 있지만 아무나 될 수는 없다. 거기에는 몇 가지 자질이 요구된다.

## 1. 멘제의 인격을 존중하는 사람(Personal Respect)

멘토는 멘제를 하나의 진정한 인격으로 대하는 사람이다. 상대방을 자신의 목적을 위해 이용하려는 사람, 즉 정치적인 의도가 다분한 사람은 멘토의 자격이 없다. 20세기의 위대한 사상가 마틴 부버는 이것을 지적하여, 상대방을 수단으로 보는 것은 '나와 그것(I-It)'의 관계라고 말한다. 그러나 멘토는 상대방을 자신과 동등하게 존중받아야 할 인격체로 이해하며, 가면을 벗고, 상대방을 조정하려는 자세를 버린다. 이러한 때 진정한 관계가 성립되고, 부버가 강조하는 '나와 너(I-Thou)'의 관계로 발전된다.

## 2. 멘제에게 긍정적인 사람(Peace Maker)

멘토는 평소의 삶이 긍정적 자세인 사람이며, 마음이 열린 사람이다. 멘토는 마치 부모나 가족과 같아서 자신의 멘제에게 일관된 관심을 줄 수 있어야 하는데, 삶을 보는 시각이 부정적이거나 마음이 닫힌 사람은 멘토로서 자격이 결여된다.

## 3. 멘제의 특성과 잠재력을 볼 줄 아는 사람(Potential Power)

멘토는 멘제가 지닌 적성을 볼 수 있는 사람이다. 멘토는 보통 멘제보다 세상경험이 많은 사람이다. 그 분야에서 이미 시행착오를 겪은 사람이다. 그리고 상대방의 장점을 극대화시키며, 상대방의 단점을 극소화시킬 수 있는 안목이 있다.

## 4. 멘제와 의사소통이 능한 사람(Communication)

멘토는 의사소통에 능한 사람이다. 같은 말을 해도 상대방에게 부정적인 표현 등을 통해 부담을 주는 것이 아니라, 힘과 용기를 줄 사람이다. 그리고 중요한 것은 상대방의 견해를 소화하는 열린 귀가 있는 사람이다.

## 5. 조직에 대한 올바른 가치관(The View of Value)을 가진사람

먼저 멘토는 자신이 회사의 배려로 오늘과 같은 가치 있는 구성원으로 업그레이드되었음을 인정하고 이러한 조직에 대한 올바른 가치관을 가지고 멘제에게 자신이 소유한 정보, 지식, 업무 등, 즉 가치를 제공할 경우, 멘제는 멘토에게 좀 더 호의적으로 다가올 수 있다. 회사가 멘토인 나를 키워 주었으므로 나는 대신 멘제를 키운다.

## 6. 핵심역량(Competency)과 업무의 다양한 전문성을 갖춘 사람

멘토는 개인의 노력이나 회사의 지원을 통하여 소유한 역량(Competency)과 다양한 전문지식을 멘토링 활동에서 멘제와의 자율학습향상, 업무조기숙달, 경력개발, 지식경영 등에 최선을 다하여 발휘함으로써 멘토링 목표를 성공적으로 달성하는 데 기여할 수 있다.

# 주제 4절. 멘토 역할(Role)

> ☺ **잭 웰치**
> "최고의 인재를 뽑을 수 있고 최고의 인재를 키울 수 있다면 그 기업은 성공할 것이다." 경영자는 한 손에는 물뿌리개를, 한 손에는 비료를 들고 꽃밭에서 꽃을 가꾸는 사람과 같다. 인적자원이 중시되는 미래 지식기반 경제에서 경영자의 가장 중요한 역할이란 바로 인적 자원 개발이다. 나는 업무 시간의 70%를 꽃밭에서 보내고 있다.

유능한 멘토는 멘제의 상황에 따라 자유자재로 대응방법을 바꿀 수 있는 역량을 필요로 한다. 이러한 멘토가 되기 위하여 갖추어야 할 다섯 가지 역할 멘토십 스킬을 소개하면 교육(Teaching)에 대한 스킬, 상담(Counseling)에 대한 스킬, 지도(Coaching)에 대한 스킬, 후원(Sponsoring)에 대한 스킬 그리고 조정(Confronting)에 대한 스킬이다.

그리고 목표는 한 가지, 멘제의 능력을 개발하고 창의력을 살려 개인적으로는 리더로서 성장할 수 있도록 하며 결국은 조직에 공헌함으로 조직의 목표인 인적 경쟁력을 확보할 수 있도록 하는 것이다.

## 1. Teaching(교육) – 가르치는 교사의 역할(IQ부문)이다

교육을 실시하는 것은 멘제에게 테크닉을 주입시키는 것이 아니다. 교육의 근본은 '너는 우리 가족이다', '너는 해낼 수 있다'는 의식을 깨우치는 것이다. 이 기본만 확실히 되어 있다면, 이후의 기술습득과정은 60%~90% 단축된 것이나 다름없다. 왜냐하면 이 자각이 학습의욕을 불러일으키기 때문이다.

그러나 유의해야 할 점은 '교육'과 '지시 내리는 것'을 혼동하여서는 안 된다. 교육이 일방적인 지시가 되어서는 안 된다는 것이다. 적절한 도구와 행동의 자유를 주어 스스로 해 보도록 하고 결과에 관하여 구체적이고 솔직한 피드백을 해 줌으로써 잠재능력을 향상시키는 것이다. 그러한 잠재능력을 누구나 갖고 있다는 굳은 신념에 입각하여 행동하는 것, 이것이 교육의 진수이다.

## 2. Counseling(상담) – 들어주는 상담자의 역할(EQ부문)이다

교육을 담당하는 자라면 누구라도 한 번은 '수강생 제일'이라는 모토를 내세운다. 이 신조가 조직에서 실제 행동으로 이어지느냐 아니면 말로만 그치느냐, 상담자인가 아닌가를 가르는 판단 기준이 된다. 카운슬러 역이 서툴다는 것은—즉 문제해결에 나서는 것이 너무 이르거나 너무 늦는 것 혹은 수강생에게 너무 엄격하거나 지나치게 관대한 것, 학습적으로 단시간에 끝맺거나 까닭 없이 질질 끄는—이

모토가 체면용에 지나지 않음을 입증하는 것이다.

이제 멘토로서 상담스킬을 다룬다. 멘토로서 카운슬러의 역할은 멘제가 실력을 마음껏 발휘하는 것을 가로막는 문제를 이해시키고 그 문제의 해결에 도움을 주는 것이다. 시간을 가지고 인내심을 지녀야 한다. 물론 더러는 30분만 들이면 해결할 수 있는 것도 있다.

정보부족이나 단순한 오해에서 비롯된 문제는 쉽게 풀린다. 그러나 훌륭한 기술을 가지고 있음에도 불구하고 팀플레이를 주저하는 멘제를 설득하여 다른 사람과 협력하도록 만들기 위해서는 며칠이나 몇 개월이 걸릴지도 모른다. 카운슬링이란 이러한 여러 가지 문제 상황을 해결해야 하는 '감초'인 것이다.

## 3. Coaching(코치) –
### 같이 뛰어 주고 친목교제를 나누는 코치의 역할이다

코칭(Coaching)과 후원(Sponsoring)은 미묘하지만 차이가 있다. 후원은 두드러진 능력을 가진 멘제를 무리 속에 사장되지 않도록 끌어내 주고 밀어 주는 것인 데 반해, 코칭은 일반적으로 멘제를 온전한 조직원으로 만들고 적극적으로 조직에 참여하도록 정서적인 친목을 유도하는 것이다.

구체적으로 말하면, 멘제와 친목 교제를 하는 것, 즉 업무 가운데서 신뢰를 유지하는 것, 활력을 부여하는 것, 또한 멘제와 업무를 떠나서 인성적인 차원에서 등산, 외식, 영화, 경기관람, 가정방문, 서점방문 등으로 친목을 통하여 마음이 하나가 되는 것이다.

## 4. Sponsoring(후원) – 추천하고
## 신분을 보증해 주는 후원자 역할이다

후원이란 강력한 훈련을 실시하여 용기를 북돋아 준 다음 멘제가 자신의 힘으로 학습을 수행할 수 있도록 여러 조건을 마련해 주는 것이다.

멘토 후원자는 멘제가 실력을 마음껏 발휘할 수 있도록 장애물을 제거하여 홀로 설 수 있도록 한다. 멘제가 조직 적응과 업무와 학업에 필요한 기술을 이미 익힌 상태에서 이것을 발휘하도록 하는 것이 후원이다. 후원의 요점은 그때까지 잡아 주고 있던 손을 갑자기 놓지 않는 것이다. 갑자기 손을 놓아 버리면 비틀거리며 쓰러지고 만다.

반대로 너무 오래 붙들고 있어서도 안 된다. 한참 잡고 있다 놓을 때는 또 사정없이 놓아 버리고 말면 멘제는 이때 그동안 가졌던 멘토에 대한 신뢰를 잃어버리게 된다.

후원이란 원투원(One to One)으로 멘제의 자립성을 개발하는 것이다. 멘토는 멘제의 가이드인 것이다. 멘토는 멘제를 자신의 생각대로 움직이게 하고 싶은 충동에 휩싸이기 마련이다. 그렇지만 이 충동을 뿌리치는 것이 후원자로서 지녀야 할 중요한 마음가짐 중의 하나이다.

후원자의 역할은 기본원리로 공평(Fairness), 자유(Freedom), 참여(Commitment), 지원(Waterline) 등 네 가지를 들 수 있다.

멘제와 그 후원자 멘토는 이 기본원리를 제대로 수행할 수 있어야 비로소 승자로 살아남을 수 있다. 멘토로서 후원자는 자발적으로 후원대상자인 멘제의 활동, 행복, 진보, 성취, 개인적 문제, 장래 희망 등등에 적극적인 관심을 갖고 칭찬을 아끼지 말아야 한다.

## 5. Confronting(조정) –
### 맞대면하여 업무 보직적응력에 대한 불만을 해소한다

멘제의 적응력과 업무 능력률을 올리기 위하여 멘토는 모든 수단으로 지원하지만, 효과가 나타나지 않을 경우 멘제의 업무, 보직 상급자까지도 조정을 해 줄 필요가 있다. 그 경우에는 다른 방책을 진지하게 고려할 필요도 있다. 중요한 것은 방관하지 말고 문제를 정면에서 보고 조정해야 한다. 달리 어떤 해결 방법이 있는지 명확히 하고 선택의 폭을 넓히는 것이다.

<멘토 진단>(Self Scored)
멘토가 되는 것은 또 하나의 부름(Calling)이다. 이 소명에 충실하게 살려면 어떻게 해야 할까? 여기 훌륭한 멘토가 될 만한 몇 가지의 항목들이 있다. 월간이나 계간 등 주기적으로 점검한다.

* 멘토 자기진단 측정 척도
  1점＝거의 2점＝드물게 3점＝간혹 4점＝대부분 5점＝언제나

본 진단은 자기진단임으로 타인을 의식할 필요는 없다. 멘토 자신

의 자생력을 개발하는 기준 자료임으로 멘토링 활동 중 정기적으로
진단하여 스스로 평가 자료로 활용한다.

| 구 분 | 자기진단 설문 항목 | 평 가 | | | | |
|---|---|---|---|---|---|---|
| | | 5 | 4 | 3 | 2 | 1 |
| 소명<br>의식 | 1. 멘제를 위하여 관심을 갖고 주 1회 메일을 전송한다. | | | | | |
| | 2. 멘제와 함께 집회에 참석하면서 궁금해하는 점을 설명해 준 적이<br>있다. | | | | | |
| | 3. 멘제가 회사규정이나 사칙에 대해 가장 의문스러워하는 점이 무<br>엇인지 알고 있다. | | | | | |
| | 4. 종종 그와 함께 직장체험을 나눈다. | | | | | |
| | 5. 내가 속해 있는 회사에 만족하며 다른 이에게도 권할 의향이 있다. | | | | | |
| | 6. 회사의 구성원이 된 것에 감사하고 있으며, 멘토가 된 것도 나에<br>게 주어진 사명이라고 생각한다. | | | | | |
| 사명<br>의식 | 7. 멘제와 함께 봉사활동을 할 의향이 있다. | | | | | |
| | 8. 자신의 가족을 멘제에게 소개하고 식사를 함께한 적이 있다. | | | | | |
| | 9. 그들이 회사에 나오기까지의 과정을 알고 있다. | | | | | |
| | 10. 멘제의 애경사에 관심을 갖고 참석한다. | | | | | |
| | 11. 멘제에게 힘겨운 일이 생겼을 때, 나는 그가 찾아올 수 있는 편<br>안한 사람이라고 생각한다. | | | | | |
| | 12. 멘제를 많이 두는 것보다, 한 사람일지라도 잘 돌보는 것이 더<br>중요하다고 생각한다. | | | | | |
| | 13. 멘제가 관심을 보이는 자선단체나 봉사활동에 대해 조언을 해줄<br>수 있을 정도의 지식을 갖고 있다. | | | | | |
| 창조<br>의식 | 14. 멘제가 최근에 했던 고민을 알고 있다. | | | | | |
| | 15. 멘제의 가족의 이름을 알고 있다. | | | | | |
| | 16. 멘제가 존경하는 성인에 대해 알고 있다. | | | | | |
| | 17. 멘제에게 학회 출판 자료나 전문서적 구입을 권한다. | | | | | |
| | 18. 멘제와 함께 수련회나 야외 행사에 참여했거나 계획 중이다. | | | | | |
| | 19. 회사의 관심사에 대해 멘제와 토론하며, 이때 주장을 내세우기보<br>다는 그의 의견을 경청하는 편이다. | | | | | |
| | 20. 가끔 회사 밖으로 나가서 그들과 함께 유익한 문화생활을 한다. | | | | | |
| 계(    )점 | | | | | | |

# 주제 5절. 멘토링 특성(Feature)

> ☺ 마스시타 고노스케
> 단골손님이 "당신네 회사는 무엇을 만들고 있느냐?"라고 질문할 때마다 "마스시타(송하) 전기는 사람을 만들고 있다. 전기 제품도 만들고 있지만 이에 앞서서 사람을 만들고 있다."라고 대답한다.

멘토링의 특성은 일반 리더십과 멘토링의 차별성과 시너지를 다룬 내용이다. 일반 리더는 양(量-Mass) 관리, 멘토는 질(質-Quality) 관리로 구분할 수 있으나 상호 Synergy로 인재경쟁력을 확보하여 이상적인 유기체 조직을 구축할 수 있다. 멘토링은 멘토가 인간성(Humanity)을, 일반 리더가 생산성(Productivity)을 담당하여 효과적인 성과를 도출하는 프로그램이다.

## 특성 1. 멘토십의 이념(Idealogy)

멘토십의 이념은 인간존중에서부터 출발한다. 여기서 **인간존중**이라는 의미는 멘제의 무한대한 잠재력을 개발해 준다는 것이다. 바로 그냥 놔두면 5% 정도 개발될 것이 멘토가 관여함으로 퍼센트를 더욱 업그레이드시켜 준다는 것이다.(보통사람 5% 개발, 노벨상 수상자 10% 개발, 에디슨 15% 개발)

## 특성 2. 멘토십의 정의(Definition)

멘토십의 정의는 멘토와 멘제의 **인간관계를 촉진**한 데 있다. 카네기재단의 발표자료에 의하면 성공한 사람 10,000명을 상대로 성공요인 설문조사의 결과가 8,500명(85%)이 인간관계에 있다고 대답하고 있다. 국내 직장생활에서 가장 중요하다고 대답한 것이 인간관계(45%)로 제일 높게 나타나고 있다. 그렇다면 멘토와 멘제 간에 어떠한 기준으로 관계가 설정되어야 하는가? 바로 존경과 신뢰관계를 들 수 있다.

## 특성 3. 멘토십의 목적(Purpose)과 목표(Target)(개인, 조직)

멘토링의 목적은 멘제를 차세대 **리더로 세우 것**(Standing Together)이다. 리더라는 개념은 사회적으로 위대한 지도자라는 뜻도 있지만 조직 적용 멘토링에서는 도움받는 멘제가 훗날 도움을 주는 멘토로 삶의 태도가 바뀌는 것을 말한다. 조직에서의 목표는 바로 멘제가 멘토로 변함으로 중간지도자를 개발하게 되는데 결국 인재경쟁력을 확보하게 되는 것을 의미하고 개인에게서 목표는 인격, 즉 인격가치를 업그레이드하는 것이 목표다.
- 목적: 인격적인 차세대 리더개발
- 목표: 1) 개인목표 - 인격가치 개발(Humanity)
        2) 조직목표 - 생산성과 개발(Productivity)

## 특성 4. 멘토십의 내용(Contents)

멘토링 핵심 내용(Contents)은 인격(知, 情, 意) 자체다. 그러므로 멘토링 활동은 바로 知的에 치우친 교육이 아니라 전인적인 삶으로 조언해 주는 인재개발이 되어야 한다. 그 기원은 그리스신화에서 멘토(Mentor) 스승이 텔레마쿠스(Telemachus) 왕자를 20년간 멘토링할 때 교재로 수학(知를 상징), 철학(情을 상징), 논리학(意를 상징)을 사용했다는 데서 기인한다.

**■ 인격내용 적용 도표**

| 인격 서비스 | 세부분류 | Star Game 적용 부문 |
|---|---|---|
| 지적(知的) 서비스 | 지식, 기술, 정보 | High Tech - 지식지수 |
| 정적(情的) 서비스 | 포용력, 기대와 칭찬, 헌신봉사 | High Touch - 마음지수<br>High Health - 건강지수<br>High Relation - 관계지수 |
| 의적(意的) 서비스 | 의지력, 절제력, 판단력(선과 악) | High Control - 관리지수 |

## 특성 5. 멘토십의 전략(Strategy)

멘토십의 전략은 멘제 중심의 **1 : 1(One to One)** **서비스**를 말한다. 멘제 중심의 서비스란 일반 리더십이나 유사 멘토링에서 리더 중심으로 활동이 이뤄지는 것과 큰 차이가 있는 것이다. 그러므로 멘제 중심의 1 : 1 의미는 멘제 1 : 멘토 1, 멘제 1 : 멘토 다수 등식을 말한다.

# 주제 6절. 멘토링 패러다임(Paradigm)

> ☺ 이건희 회장
> "우수인력 한 사람이 10만 명을 먹여 살린다. 바둑 1급 10명이 힘을 모아도 바둑 1단 한 명을 이길 수 없다." "성공하는 경영자는 본능적으로 사람 욕심이 있어야 한다." "우수인재를 확보하고 양성하는 것이 기본 책무다."

21세기에 진입하여 조직마다 심각한 리더십 위기를 맞고 있다. 왜 이런 현상이 나타나는가? 아래와 같이 네 가지 방법으로 분석해 보고 일반리더십의 문제점을 멘토링 프로그램으로 대안을 제시하고자 한다.

특히 경영자나 현장 관리자로서 일반 리더십의 보완프로그램의 차원에서 뉴패러다임(New Paradigm)으로 문제점을 극복할 수 있는 멘토십(Mentorship)에 대하여 살펴보도록 하겠다.

## 대안 1. 존재론적 리더십에서 관계론적 멘토십으로

– 일반 리더는 개인의 존재가치 개발에 치중하나 멘토는 반드시

멘제와 연결 관계가 필수다.

우선 존재론적 리더십에서 관계론적 멘토십으로 전환시킬 필요가 있다. 개인의 리더십 역량 제고를 위한 노력에서 리더가 리더십을 발휘할 수 있는 제도적 여건과 환경을 창출하는 쪽으로 리더십 개발 전략을 개발해야 된다는 주장이다. 존재론적 리더십은 리더 개인에게 역점을 두고 개인으로서의 리더가 갖추어야 될 다양한 자질과 역량을 육성하는 데 관심이 있는 반면 관계론적 멘토십은 멘토에게 영향을 미치는 제도적 여건 조성과 인간적인 경영환경을 조성하는 데 보다 많은 관심이 있다.

이러한 관계론적 멘토십은 멘토 개인만을 고려하지 않고 멘토를 둘러싸고 있는 인간적, 환경적 변수를 종합적으로 고려하고 이들 변수들 간의 상호 영향력 관계를 고려하여 최종적으로 멘제와 인간관계 설정을 구축한다고 볼 수 있다. 특히 멘토의 역할 발휘에 영향을 미치는 인간적, 업무환경적, 제도적 조건을 변화시키고 멘토/멘제가 향후 몸담게 될 이상적인 일터(Workplace)가 갖추어야 될 다양한 요인을 조성하는 작업환경, 더 나아가 멘토와 이러한 일터와의 관계를 고려하여 멘토십 개발활동을 전개한다는 점에서 기존 리더십 역량 강화를 위한 단순 교육의 역할이 상대적으로 약화된다고 볼 수 있다.

관계론적 멘토십은 멘토와 타 리더의 리더십 발휘 여건과의 시너지 효과 차원에서 관계를 고려대상으로 검토하기도 하지만 멘토와 멘제와의 1 : 1 팀원과의 관계를 고려하여 그 개념을 이해할 수도 있다. 즉 관계론적 멘토십은 기존의 리더십이 주로 개인의 역량을 제고시키는 데 초점을 두어 왔다면 앞으로 멘토는 멘제와 함께 고려했을 때 발현될 수 있는 협력적 관계, 예를 들면 존경과 신뢰 구축, 신바람 조성, 자부심 고취 등과 같은 공동체 중심으로 리더십 역량을 재정의할 수도 있을 것이다. 이러한 역량은 멘토 혼자서 발휘할 수 있는 역량이 아니라 멘토가 멘제와 구성원과 함께 힘을 모아 노력할 때 발현할 수 있는 능력이라는 점에서 기존의 리더십을 개인 리더십이라고 칭할 수 있는 데 반해 멘제와 함께 팀을 이루어 발현될 수 있는 능력을 특별히 1 : 1 팀 리더십이라고 칭할 수 있다.

전통적인 리더십의 원천은 한 개인의 독자적인 능력, 자질, 역량에서 유래하지만 팀 리더십은 리더십의 원천을 멘제들 모두로부터 비롯된다는 전제와 가정을 갖고 있다. 개인 리더십은 리더 개인이 팀원의 협조와 도움 없이도 발휘할 수 있는 미래의 선견력, 판단력, 다양한 업무추진 능력 등과 같은 개인 중심의 스킬을 강조한다. 반면 팀 리더십은 멘제와 함께하지 않고는 발휘할 수 없는 리더십 역량, 예컨대 신뢰구축, 신바람 조성, 1 : 1 팀 파워 조성 및 일에 대한 자부심 고취 능력 등 인간관계에 역점을 둔다.

## 대안 2. 단선적 리더십에서 복합적 멘토십으로

- 일반리더십은 부하에게 업무나 기술 등 단편적인 지도를 하나 멘토는 전인적인, 즉 지(知), 정(情), 의(意) 등 복합적인 지도를 한다.

흔히 리더십 교육 하면 단기 집중적인 교육이 일회성으로 끝나는 경우가 많다. 이러한 생각의 저변에는 교육은 중간에 간극이 없이 며칠 또는 몇 달 동안 연속적으로 전개되는 일회성의 의미가 내포되어 있다. 이런 패턴으로 리더십 교육이 전개되면 리더십 교육 전, 교육 중 그리고 교육 종료 후 실천 현장과의 유기적 연계성이 부족하게 되고 결국은 리더십 교육의 결과가 실제 현장에서 발현되지 못하고 교육은 교육대로 이루어지고 현장은 여전히 리더십 부재 현상이 발생하게 된다.

교육을 통한 지식과 스킬의 습득이 효과적으로 진행되기 위해서는 교육이 시작되기 이전에 교육생들이 교육의 목적과 내용에 대한 문제의식이 전제되어야 하며, 이러한 문제의식을 심화시키거나 해결 대안을 고민할 수 있도록 교육내용이 체계적으로 구조화돼서 전달되고, 그 결과가 실천 현장에서 작용될 수 있도록 사후 조치가 동반되어야 한다. 그리고 필요하다면 수시로 다시 모여서 현장에서 직면했던 문제점을 함께 논의하고 해결 대안을 공동으로 모색하는 워크숍을 짧게 자주 가질 필요가 있다. 이렇게 되면 소집형 집합 또는 합숙교육의 실천 현장과 긴밀한 연관관계를 맺으면서 리더십 교육의 효과성을 극대화시킬 수 있을 뿐만 아니라 실제 리더십이 발휘되는 현장과 연계시켜 리더십 개발활동을 지속적으로 전개할 수 있게 된다.

교육 장면에서 이루어지는 리더십 역량 강화의 결과 실천 현장에서 그 효과를 발휘하기 위해서는 교육 장면은 가능하면 리더가 리더십을 발휘하는 상황과 여러 가지 측면에서 많은 차이가 난다면 리더가 습득한 다양한 내용과 스킬을 적용하기 어렵게 된다. 전통적인 리더십 교육이 실천 현장에서 이루어지는 리더십 개발활동과 함께 유기적으로 통합됨으로써 일회성 리더십 교육이 갖는 한계와 문제점도 어느 정도 극복할 수 있다.

그렇다면 리더십 개발활동이 실천 현장에서 구체적으로 일어나기 위해서는 어떠한 조치가 필요한가? 이 문제는 리더십 개발활동의 실천적인 지침을 마련하는 일뿐 아니라 현장 리더십의 최적의 대안인 멘토십 제도(Mentorship System)를 활용한다면 단선적인 리더십 교육에서 전인적인 삶이 소재가 되는 복합적인 멘토십으로 전환을 시도하여 실천 현장의 리더십을 강화해 볼 필요가 있다.

## 대안 3. 단기적 리더십교육에서 장기적 멘토십 개발로

- 일반리더십 교육은 몇 시간, 며칠 등 단기간이나 멘토링은 중장기 기간이 필요하다.

세 번째 대안은 리더십 교육에서 리더십 개발활동으로 완전히 전환시키는 것이다. 즉 소집형 교육을 전제로 하지 않고 실천 현장에서 일상적인 직장생활과 함께하는 리더십을 개발하는 전략이다. 이러한 개발 방향이 성공하기 위해서는 일상적인 업무 구조나 직장생활 과정 속에 학습이 일어날 수 있도록 업무환경을 학습환경으로 재구축하는 작업이 필요하다. 업무활동과 함께 학습과정이 하나의 통합된 구조로 설계될 필요가 있다는 말이다. 업무활동과 독립적으로 추진하는 별개의 리더십 개발활동은 거창한 계획과 시작으로 출발하나 결국은 용두사미 꼴이 되고 마는 경우가 허다하다.

그동안 한국 기업에서 OJT(on the job training)나 CDP(career deve-lopment plan)가 성공적으로 정착되지 못하고 매년 유야무야되는 경우를 보더라도 무엇 때문에 왜 반복적인 잘못을 저지르고 있는지 이해할 수 있을 것이다. 마찬가지로 실천 현장에서 리더십을 개발하는 활동을 구체적으로 명세화시키면 시킬수록 계획의 실현가능성은 그만큼 희박하다고 볼 수 있다.

많은 부분을 리더십 개발의 주체인 개인에게 맡겨 둘 필요가 있다. 여기서 최근 많은 관심을 끌고 있는 멘토링(Mentoring)을 적용해 볼 수 있다. 멘토링을 통해서 양성한 멘토(Mentor) 조직이 인간관계와 업무성과를 창출하는 데 혁혁한 공헌을 하고 있다면 당연히 멘토링에서 중요한 역할을 담당했던 멘토 / 멘제가 조직 내에서 정당한 평가와 인사상의 공정한 대가를 받을 수 있는 여건 조성이 필요하며, 멘토링을 공식적인 조직의 지원 업무로 인정해야 한다.

단기 집중적인 리더십 교육에서 장기적인 멘토십 개발전략으로 전환되기 위해서는 리더십에 영향을 미치는 다양한 요인을 고려할 필요가 있다. 결국 멘토십은 멘토 자신이 실천 현장에서 직접 리더십을 발휘하면서 순간순간의 의사결정을 하고 자신의 의사결정의 결과를 비판적으로 성찰하는 실천 체험을 통해서 가장 잘 습득되는 것이라면 멘토십 개발은 실천 현장에서 멀리 떨어진 산속의 연수원에서 실시할 것이 아니라 멘토십 개발과 관련된 다양한 실험이 전개될 수 있도록 멘토십 개발 환경을 조성하는 노력에 우리의 힘과 에너지를 집중하는 전략을 선택하는 방법이 필요하다. 뛰어난 멘토의 특성, 자질, 역량을 분석하고 규명해 낸 다음 교육을 통해 부족한 역량을 단기 집중적으로 쏟아 넣는 교육이 계속되는 한 느낌과 머리로 깨달음이 수반되겠지만 복잡하고 역동적인 현실 상황에서의 적용력은 현격히 떨어진다고 볼 수 있다.

멘토 교육은 이미 자기 나름대로 가치관과 신념 세계를 보유하고 있는 성인들이기에 이를 악물고 뼈를 깎는 고통 그리고 실제로 적용하는 과정이 동반되지 않는 한 자신의 기존 가치관과 신념체계를 변화시킬 의지가 좀처럼 발동하지 않을 뿐만 아니라 멘토십 역량이 개발되기 어렵다.

그러므로 뛰어난 리더가 갖추어야 할 뛰어난 멘토십 역량을 규명하기보다는 바람직한 일터가 갖추어야 될 요건을 규명하고 어떻게 구현해야 할 것인가를 고민하는 방법이다. 한마디로 개인을 통한 조직의 변화전략보다는 리더의 역할 변화를 일으키는 조건을 변화시켜 이를 통해 멘토 개인의 역할 변화를 이끌어 내는 전략이다.

## 대안 4. 평준화 리더십에서 수준별 멘토십으로

－일반리더는 양(量)적으로 부하나 학생을 평준화 방법으로 지도하나 멘토는 한 사람 멘제를 수준에 맞게 질(質)적으로 지도한다.

그동안 한국 기업의 인재개발 정책은 모든 영역을 골고루 잘하는 범재(凡材)를 채용하여 필요한 인재(人材)로 탈바꿈시키기 위해 많은 기업 교육, 특히 집합, 합숙 교육(Off JT)에 많은 노력과 관심을 보여 왔다.

 더욱이 조직의 발전과 성패를 좌우하는 리더를 양성하기 위해서 장기적으로 6개월에서 1년 정도의 기간을 투자하는 경우도 있었다. 이러한 리더 양성과정은 경영 전반에 관한 기본 지식과 경영자로서 갖추어야 할 덕목, 안목, 식견을 집중하는 교과목을 주축으로 사업 전략의 구상 및 경영환경 변화에 적응하여 조직의 생존과 발전을 위해 리더로서 취할 수 있는 다양한 전략적 대응 방안 등을 교육시키는 과정이었다. 이러한 교육과정이 외국 사람의 눈에는 고부가가치를 수행하여야 할 중요한 위치에 있는 사람이 오랫동안 업무와 완전히 독립시켜 교육을 해야 되는지 도무지 이해할 수 없다는 것이다. 서양이 주로 해당 부문별로 필요하고 적합한 인재를 외부에서 채용하여 활용하는 전략에 치중하는 데 반해 동양은 선발이나 채용 전략보다는 조직이 요구하는 인재의 모습으로 육성하는 전략을 중시하고 있다.

 이제 국제화, 개방화의 파고가 점증되고 있으며, 국경을 초월하여 한 직장 내에서도 얼마든지 다국적 보유자가 함께 일을 하게 되는 사례가 많아지고 있으며, 국제적인 기업 흡수와 합병, 전략적 제휴 등이 일상화됨에 따라 기존의 리더 양성 및 개발 전략에도 많은 변화가 예상되고 있다. 리더 한 사람을 양성하는 데 시간과 비용 그리고 나아가 그 효과 면에서 과연 어떤 방법이 현실적으로 타당하고 비효과적인 방법인가를 따져 보아야 할 것이다.

앞으로는 더욱더 신입사원과 경력사원은 물론 중견간부와 임원 그리고 경영자까지 해당 부문별로 필요한 자격요건과 역량에 적합한 인재를 수시로 선발하고 채용하는 전략이 보다 보편화, 활성화될 것이다. 특히 평생직장 개념이 붕괴되고 평생직업관이 활성화되면서 한 사람이 평생 동안 직장을 자주 옮겨 다니는 일이 비일비재함에 따라 한 사람의 일생을 회사에서 어떻게 평준화로 인재개발할 것인가에 대해 체계적인 계획을 수립하는 것보다는 해당업무 분야에서 핵심리더로 세울 수 있는 수준별 멘토링 인재개발 계획(Mentoring Plan)을 세워 볼 필요가 있는 것이다.

# 주제 7절. 멘토링 핵심가치(Value)

> ☺ 김승호 보령회장
> "기업은 곧 사람이다. 사람을 가장 우선으로 생각하는 정신이 없으면 그 기업은 이미 기업으로서의 생명을 잃은 것이다. 기업의 생명력은 바로 사람을 존중하고 귀하게 여기는 마음에서 비롯된다. 바로 이러한 인간 존중 정신이 보령제약의 창업 철학이자 존재이유다."

멘토링의 다섯 가지 핵심가치(Core Value)를 소개한다. 멘토링의 정체성(Identity)에 관한 순수성을 유지하면서 우후죽순(雨後竹筍)처럼 도입되어 있는 경영기법과 차별성을 부각하여 멘토링을 제대로 알기 위함이다.

멘토링에 관한 다섯 가지 핵심가치는 상호간 **인격(Character)**존중 바탕 위에 멘토와 멘제가 신뢰와 존경**관계(Relation)**를 유지하면서 **리더(leader)**로 성장하는 것이다. 각 조직은 성장한 리더가 주관하여 경영**혁신(Innovation)**을 유도하고 **성과(Performance)**를 도출하는 개인과 조직개발의 핵심요소다.

# Value 1. 인격(Character)

## 1) 인격의 기원

멘토링에서 인격(人格-Character)의 기원은 최초 멘토가 텔레마쿠스 왕자를 위해 20년간 교재로 사용한 수학(知-상징), 철학(情-상징), 논리학(意-상징)에서였다. 오늘날도 역시 멘토링 프로그램의 내용(Contents)은 지, 정, 의를 상징하는, 즉 인격이다.

> ★ 人格인격＝知지 情정 意의

## 2) 인격의 위치

멘토링의 핵심가치는 전인적인 인격을 기본 분모로, 나머지 네 가지는 인격을 공통 주제로 기능적인 분자 역할로서 시너지 상태다.

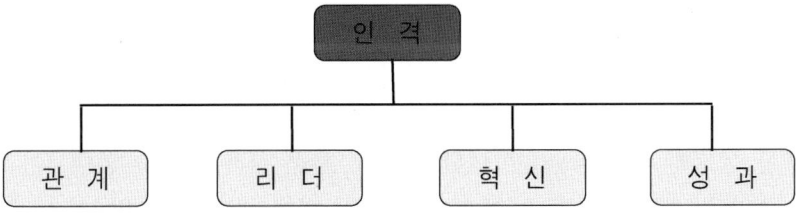

## Value 2. 관계Relation

### 1) 멘토링 관계의 정의

멘토링에서 **관계(關係 Relation)**는 인격을 기본으로 **인간 간 수평적(Person to Person)** 관계를 의미한다.

* 여기에서 관계는 외형적이거나 계급 등 신분적이 아니라 평등한 인격적인 관계다.
* 하나님과 인간관계
* 부모와 자녀 관계
* 부부 관계 등은 멘토링보다 **더 깊고 높은 관계(High Quality)**이며 수직적인 또한 부부일체적인 면에서 멘토링과 비교할 수 없는 고차원적인 관계로 봐야 한다.

### 2) 멘토링 관계의 보완

인간관계 형성은 인간의 본능이다. 그래서 역사 이래로 멘토링은 지속되어 왔고 오늘날도 그리고 미래에도 인류가 존속하는 한 멘토링 관계는 지속될 것이다. 전통적인 멘토링에서는 프로그램 없이 위대한 멘토의 **리드(Lead)**에 의한 멘토링 성공 사례는 수도 없이 많다.

그러나 오늘날 조직에 멘토링 관계는 위대한 멘토를 찾기가 그리 쉽지 않기 때문에 인위적·계획적으로 멘토 / 멘제를 선정하여 모니터링시스템(Monitoring System)에 의하여 진행하고 있는데 이를 **제도적 멘토링(Systematic Mentoring)**이라고 부른다.

### 3) 올바른 관계 형태

멘토링 관계의 상호간은 멘토와 멘제다. 많은 사람이 멘토링을 1 : 1 이 전부인 양 생각한다. 그러나 그것은 선입견이라 볼 수 있다. 멘 토링의 가장 올바른 관계형태는 멘제 1에 멘토가 다수(전문별로 멘 토 1, 멘토 2, 멘토 3, ……)로 도움을 주는 형태다. 바로 왕자 한 사 람을 왕사(王師) 여러 사람이 도움을 주는 형태가 멘토링 관계에서 가장 올바른 형태이기 때문이다.

관계형태 1 – 멘제 1 – 멘토 다수 – 고품질의 멘토링(High Quality)
관계형태 2 – 멘제 1 – 멘토 1 – 일반적인 멘토링
관계형태 3 – 멘제 다수 – 멘토 1 – 저품질의 멘토링(Low Quality)
* 형태 3의 경우는 멘토링이기보다는 코칭이나 팀장제도에 가깝다.

## Value 3. 리더 Leader

### 1) 멘토링에서 리더의 의미

멘토링에서 리더(**Leader**)는 먼저 인격적인 리더를 의미한다. 반면 조직 폭력 등 비인격적인 유해 단체의 리더는 제외된다. 한편 멘제 를 리더로 세우는 멘토는 자신보다 멘제를 더 큰 리더로 세우는 것 이 멘토십(**Mentorship**)의 기본이며 타 리더십과의 차별이다.

### 2) 리더로 개발 예시

1) 왕자를 왕으로 개발 – 한 사람, 멘제 왕자를 수많은 멘토 왕사

(王師)에 의해 장기적 체계적인 방법으로 왕으로 세운다.

2) 임직원을 핵심 리더로 개발-조직의 후계자나 CEO를 양성하는 방법으로 한 사람 핵심인재를 양성하기 위하여 전문적인 멘토 군(群)(멘토 1, 멘토 2, 멘토 3, ……)을 세워 장기적으로 조직의 핵심 리더로 양성하게 된다.

3) 멘제를 멘토로 개발-제도적 멘토링에서 멘제를 멘토와 1 : 1로 연결하여 일정 기간 멘토링 활동 기간을 거쳐 멘토로 재생산 (Reproducting)하는 방법이다.

## 3) 멘제를 멘토 리더로 재생산하는 과정 도표

◀ 멘토링 재생산 Mentor-Menger 관계 모델(by '78 William Gray 교수) M m-멘토 표시 P p-멘제 표시(Protege-원어)

| M | → | Mp | → | MP | → | mP | → | P(=M) |
|---|---|---|---|---|---|---|---|---|
| 정보제공형<br>멘토링<br>과정 | | 안내형<br>멘토링<br>과정 | | 상호협<br>력형<br>멘토링<br>과정 | | 확인형<br>멘토링<br>과정 | | 재생산달성<br>멘토링<br>멘토로 성공<br>과정 |
| 양육해 주는 단계 | | | | 능력을 부여하는<br>단계 | | | | 인재 재생산 단계 |

\* 우측의 대문자 P(멘제)는 멘토로 재생산되어 다음 기회에 멘토 로 활용할 수 있다는 것을 의미한다.

# Value 4. 혁신Innovation

## 1) 멘토링에서 혁신의 개념(Concept)

멘토링에서 혁신(**Innovation**)의 개념은 개인적인 면과 조직적인 면, 즉 두 가지 차원에서 설명할 수 있다.

1) 개인적인 면 - 멘제가 멘토라는 리더로 재생산될 때 **이기(利己) 주의에서 이타(利他)주의로, 즉 180도 변화를 가져오는데 이를 두고 혁신이라고** 할 수 있다.
2) 조직적인 면 - 조직의 CEO는 구성원 전체를 양적(量的)으로 (**Productivity**)관리하고 멘토는 구성원 중 한 사람 멘제를 질적 (質的)으로 관리(**Humanity**)하게 되는데 이때 조직이 양과 질의 관리가 제대로 이루어져 **유기체(有機體)조직으로 변화되는 현상을 혁신이라고** 할 수 있다.

---

* 한 사람의 삶에 진정한 변화를 가져다주는 멘토링
* 조직 경영에서 인재 경쟁력을 가져다주는 멘토링

---

# Value 5. 성과Performance

## 1) 성과의 의미

멘토링에서 성과(**Performance**)의 의미는 멘토 / 멘제가 멘토링 활동 기간 동안에 개인과 조직에서 얼마나 성과가 있는가를 평가하여 보여주는 것을 말한다. 특히 멘토링에서 평가 목적은 먼저 참여자의 포상만(벌은 배제)을 전제한다. 왜냐하면 정규업무를 다루면서 멘토링 활동까지 겸하기 때문이다.

### 2) 평가 착안점

멘토링의 이념은 타인을 배려하는 인간존중이다. 먼저 상호간 인격을 존중하면서 참여하는 멘토 / 멘제의 개인의 목표 대비, 성과지표에 착안하고 그다음 조직의 목표 대 성과지표를 정하여 사전에 발표하면 된다. 목표 대 실적평가는 추진 팀, 모니터, 멘토 / 멘제 등 참여자들의 책임감, 열정, 몰입도를 높일 수 있는 프로그램이다.

### 3) 타인 배려 평가

일반적으로 조직의 효율성을 위하여 구성원들을 **경쟁 – 평가 등식을** 활용하다 보니 치열한 경쟁의 후유증으로 구성원 간의 심한 갈등이 표출되고 있다. 멘토링의 타인배려 평가방식은 **경쟁 – 협력 – 평가라는** 등식을 활용하여 참여자의 선의의 경쟁은 유도하되 타인을 배려하는 협력에 우선을 둠으로 갈등을 사전에 방지하고 성과를 얻게되는 것이다.

* 일반 조직체: 구성원의 경쟁 – 평가 = 성과와 갈등
* 멘토링 체제: 참여자의 경쟁 – 협력 – 평가 = 성과
* 경쟁의미 – 타인과의 지나친 경쟁을 지양하고 자기와 경쟁을 유도하여 자신의 역량개발에 최우선을 두도록 한다.
* 협력의미 – 타인을 배려, 즉 멘토는 자신의 핵심역량을 최대한 발

휘하여 멘제를 자신보다 더 큰 리더로 개발한다.

* 평가의미 - 멘토링 평가의 핵심은 개인의 인간성(Humanity) 평가
  와 조직의 생산성(Productivity) 평가의 상승률을 성과지표로 삼
  는 것이다.
* 인간성 평가: 만족도(교육 활동 관계 애사심) 개인 - PDI 조직 -
  HRI
* 생산성 평가: 유지율, 정착률, 성과율, 확보율, 달성률, 회수율.

# 주제 8절. 멘토링 전략(Strategy)

> ☺ 파스칼(Pascal, 佛, 철학자)
> 인간은 하나의 연약한 갈대에 지나지 않는다. 모든 자연 중 가장 약한 존재이다. 그러나 그것은 생각하는 갈대이다. 그를 무찌르기 위하여 전 우주가 무장할 필요는 없다. 한 줄기의 증기, 한 방울 물만으로도 그를 죽이기에 충분하다. 그러나 우주가 그를 무찌른다 해도 인간은 자기를 죽이는 자보다 더 고귀하다. 왜냐하면 인간은 자기가 반드시 죽어야만 한다는 사실과 우주가 자기보다 강하다는 사실을 알지만, 우주는 그것을 전혀 모르고 있기 때문이다.

북미 지역에서 성공 프로그램으로 인증된 멘토링을 국내에서도 유행성으로 밀려나지 않고 어떻게 생산성 향상에 기여하며 또한 멘토링 전문가를 통하여 지속적으로 프로그램 유지 관리를 할 수 있을까?

특히 멘토링 프로그램 개발 당시 한국적인 정서에 맞게 아울러 생산성 효과를 창출할 수 있도록 개발한 프로그램을 어떻게 현장에서 제대로 활용할 수 있을까 하는 전략적인 차원에서 실패 원인 분석을 기초로 하여 성공 전략 다섯 가지를 제시해 보고자 한다.

## 전략 1. 올바른 이론을 정립해야 성공한다 – 멘토링 다섯 가지 이론 정립

이론 1. 멘토링의 이념(Idealogy) – 인간존중이다
이론 2. 멘토링의 정의(Definition) – 인간관계 촉진이다
이론 3. 멘토링의 목적(Purpose) – 리더개발이다
이론 4. 멘토링의 내용(Contents) – 지, 정, 의, 즉 전인적인 인격이다
이론 5. 멘토링의 전략(Strategy) – 멘제 중심의 1 : 1이다

## 전략 2. 실행 프로그램을 제대로 챙겨야 성공한다 – 멘토링 네 가지 부문 프로그램

### 1) 관리 프로그램

멘토링 전문가로 하여금 멘토링을 도입하기 전에 운영조직, 운영 예산, 행정 서식, 운영할 사람들, 운영계획안 그리고 각종 교육 프로그램, 연결 프로그램, 멘토링 활동 프로그램, 평가 프로그램 등 전체 프로그램을 관리하는 것이다.

### 2) 교육 프로그램

멘토링 교육에 관한 프로그램을 챙기는 일로서 전문가양성 교육, 간부특강, 도입 Workshop, 보수교육 그리고 멘토 / 멘제의 기술 교육 등 프로그램을 말한다.

### 3) 활동 프로그램

멘토 / 멘제의 활동 프로그램을 챙기는 일이다. 구체적으로 멘토 / 멘제가 개인적인 미팅 프로그램 그리고 멘토 / 멘제 전체 쌍이 활동하는 그룹 프로그램 등을 말한다.

### 4) 평가 프로그램

멘토링 시스템 운영에 관한 평가 그리고 멘토 / 멘제 활동 평가 등이다. 인간성 평가로 네 가지 만족도(교육, 활동, 관계, 조직)와 생산성 효과로 여섯 가지(유지율, 정착률, 성과율, 확보율, 숙달률, 회수율 등) 평가 프로그램이 있다.

## 성공전략 3. 프로그램 전문가를 양성해야 성공한다 – 멘토링 전문가 양성교육 3과정

멘토링 프로그램 전문가는 아래 세 가지 교육 과정에서 양성하며 멘토링 도입에서 최종 활동 및 사후관리까지 프로그램을 관리하고 유지하는 일을 맡아야 성공한다.

* 전문관리자양성과정(manager)20H~40H
* 사내강사자격과정(Facilitator)60H
* 컨설턴트자격과정(Consultant)80H

## 전략 4. 프로젝트 개념으로 도입해야 성공한다 - 멘토링 4 - Process Point

멘토링은 일회성 교육이벤트가 아니고 12개월 등 일정 기간 특수 업무 차원에서 프로젝트 개념으로 활동이 진행된다. 특별히 정규업 무와 긴밀한 협조 아래 TFTeam에 의해 process별로 준비한 프로그 램을 적용한다.

## 전략 5. 올바른 평가 시스템을 갖춰야 성공한다 - 인간성 평가 와 생산성 평가

멘토링 활동의 활성화는 올바른 평가 시스템을 갖추는 데 있다. 평가의 핵심부문은 정성부문의 인간성(Humanity)평가와 정량부문의 생산성(productivity)평가다.

### 1) 정성부문 평가 - 인간성(Humanity)부문
* 인간성 향상 네 가지 만족도 - 1 활동만족도, 2 교육만족도, 3 관계만족도, 4 조직만족도

### 2) 정량부문 평가 - 생산성(Productivity)부문
* 생산성 효과 여섯 가지 효율성 - 유지율, 정착률, 성과율, 확보 율, 숙달률, 회수율

# 주제 9절. 멘토링 영역(Scope)

☺ 제프리 페퍼, 스탠퍼드대 교수
"기술이나 가격은 경쟁 기업이 쉽게 모방할 수 있지만 사람의 의욕과 창의성
을 극대화시키는 인재개발 정책은 쉽게 모방할 수 없는 장기적인 경쟁 우위의
원천이다."

모든 조직은 경영의 목적을 달성하기 위하여 여러 자원을 활용해
야 할 필요가 있다. 시대에 따라 차이는 있으나 그 내재적(內在的)
인 개념은 변함이 없다. 물적 자원(Physical Resource), 재정적 자원
(Financial Resource), 사람 자원(Human Resource)이 그 예이다. 이
중에서 사람 자원은 기업의 인사관리와 인적자원 활용의 측면에서
두 가지 개념으로 다루어 왔다.

멘토링 인간경영에서는 기업의 정규업무인 인사관리 이외(以外)
부문에서 멘토와 멘제의 1:1 관계인 특수업무(Projects)로 세 가지
범위인 개인개발 영역, 생애개발 영역, 조직개발 영역으로 아래와 같
이 소개한다.

## 1. 개인개발(Individual Development)

개인개발은 멘토와 멘제가 자신의 개성과 재능 개발을 위하여 마음(High Touch), 지식(HighTech), 건강(HighCare), 자기관리(HighControl), 인간관계(HighRelation) 등에 관하여 멘토링 활동기간 동안 상호가치를 업그레이드함으로 각 개인의 인간개발지수(Person Development Index＝PDI)를 높이는 것으로 인재개발지수(PDI)측정은 자기가치찾기 게임(Star Game Workshop)으로 다루고 있다.

## 2. 생애개발(Life Plan Development)

생애개발은 개인의 흥미나 가치는 물론 미래의 삶을 준비하기 위해서는 어떤 멘토(역할모델)를 선정하느냐가 중요한 이슈라고 볼 수 있다. 멘토링 학자인 레빈슨 교수(Levinson 美 1978 예일대)는 성인의 생애설계에서 "제도권 정규 교육을 넘어서 성년시대에 이른 사람이 멘토가 없는 것은 부모가 없는 고아와 같다."라고 그의 저서「사람의 7가지 계절」에서 멘토의 중요성을 강조했다.

멘토링의 생애설계 프로그램은 저자의 저서「멘토링 게임모음집」에서 다루고 있는데 유년 시절에서 부모 멘토의 자격 점검표, 청소년 시절에서 다섯 가지 게임(성격찾기, 정체성찾기, 자기가치찾기, EQ찾기, 적성검사하기), 직장인 시절에서 인생설계 매뉴얼(Life Plan Manual) 작성, 장년시절에서는 성격찾기, 가치찾기, 창의력개발 등으로 시대마다 멘제를 위하여 멘토가 협력할 수 있는 프로그램이 있다.

## 3. 조직개발(Organization Development)

인적자원의 영역 내에서 조직의 구조, 문화, 과정, 전략의 측면에서 일치도를 높임으로 동시성(同時性)과 통합성(統合性)을 안고 조직의 경영성과를 극대화하기 위한 노력을 조직개발이라고 한다.

다시 말해 조직을 수평적, 수직적 구조로 연계하고 하나로 묶어줌으로써 개인의 목표와 조직의 목표를 보완적인 차원에서 달성코자 하는 노력을 말한다.

저자는 이 조직개발 영역에 비중을 두고 멘토링 활동 기간에 멘토와 멘제가 생산성(Productivity)에 소홀함이 없도록 프로그램개발에 각별한 노력을 기울였다. 그래서 멘토링으로 다룰 수 있는 활동목표를 우선 12가지로 선별하여 하나하나 프로젝트(Projects)화(化)하여 추진할 수 있도록 했다. 다음에 기업의 목적인 생산성을 분명히 짚고 넘어갈 수 있는 제도적인 뒷받침이 '정량 및 정성 평가제'이다.

## 4. 경영에서의 인재개발 목적

기업 경영에서 인재개발의 목적을 어디에 두어야 할 것인가? 이는 무엇 때문에 과학적으로 인재개발을 해야 하며 그 기준을 어디에 두고 행하여야 하는가와 직결된다.

우리는 인재개발의 목적을 쉽게 인적자원(Human Resource)의 가치화에 있다고 본다. 그러나 인적자원의 가치화는 경영의 성과와는 다른 한편인 다른 구성원의 만족성을 동시에 기할 수 있도록 해야 한다.

기업의 인적자원은 다른 자원과 달리 그의 관리에 있어서 경제적인 측면의 효율성(생산성＝Productivity)과 인간적인 측면(인간성＝Humanity)의 만족성 두 가지 목적이 동시에 달성되도록 특히 유의하여야 한다.

즉 경영의 성과를 도출시킬 수 있는 합리성과 구성원의 욕구를 충족시킬 수 있는 만족성이 동시에 추구되지 않으면 안 된다. 현실적으로 조직합리성의 추구는 구성원의 만족성을 저해하는 경우가 자주 발생하고 그 반대로 구성원의 만족성 추구는 조직의 합리성 추구를 무시하는 경우를 종종 볼 수 있다.

저자는 이러한 문제점을 충족하기 위해서 인간개발의 목표를 '노사(勞使) 공존공영을 위한 합리성의 목표와 인간성의 목표'가 동시에 추구될 수 있도록 하여야 한다는 것이 지론이다.

# 주제 10절. 멘토링 경영(Management)

어떤 조직(**기업, 학교, 교회, 군대, 공공기관 등**)이든 그 조직을 경영하는 방법도 중요하지만 그 조직이나 방법을 살리는 것은 역시 사람이다. 아무리 완비된 조직을 만들고 새로운 기법을 도입한다고 해도 그것을 활용할 사람이 똑바르지 못하면 성과도 오르지 않고 따라서 조직의 사명을 다할 수 없게 된다. 조직이 사회에 공헌하면서 스스로 융성, 발전할 수 있느냐의 여부는 사람에게 달려 있다. 그러므로 조직 운영에 있어서도 먼저 무엇보다도 사람을 구하고 사람을 길러야만 한다. 그렇다면 어떻게 하면 훌륭한 사람을 육성할 수 있을 것인가인데 여기에는 구체적으로 여러 가지 방법이 있을 것이다.

경영이념이란 단순히 종이에 쓰인 문장에 불과한 것이라면 아무런 쓸모가 없고 그것이 임직원 한 사람 한 사람에게 체화(體化)가 되어야만 비로소 살려 나갈 수 있는 것이다.

그러므로 모든 기회에 거듭 되풀이해서 호소해야 하고 공감을 얻어야 한다. 또 그것은 단순히 이념만을 설득시킬 것이 아니라 실제로 일상 업무에 있어서 CEO는 할 말을 다 하고 고쳐야 할 점은 올바르게 잡아 줘야 한다. 아래 다섯 가지는 CEO가 갖추어야 할 구성원 인간존중경영 다섯 가지이다.

## 경영 1. Humanity 경영인가?

먼저 이에 대면하는 단어로 Productivity(생산성)를 들 수 있다. 이 말은 지금까지 우리의 산업현장에서 생산성을 위주로 한 경영방침에서 조직의 구성원들이 생산수단의 역할을 해 왔다는 의미이다.

그러나 21세기 오늘의 상황에서 이러한 물적 위주의 경영은 경영 내(內)외(外)적 환경에서 심한 도전을 받게 됨으로 부득이 방향전환을 하지 않을 수 없는 상황에 직면했다.

이러한 시점에서 가장 비중 있게 애용할 수 있는 단어로 저자는 Humanity(인간성) 경영을 멘토링 인재개발 전략의 방향으로 선정한 것이다.

먼저 한 사람 한 사람이 인간성이라는 분모(分母)에 - 경영자도, 기술자도, 정치가도, 교육자도, 군인도, 목회자도 - 기능적인 부문을 분자(分子)로 올려놓자는 것이다. 좀 더 구체적으로 거론하자면 멘토링의 인재개발 프로그램은 각 조직에서 Humanity(인간성) 70%, Productivity(생산성) 30%로 적용할 수 있도록 멘토링 프로그램을 체계화했다는 것을 의미한다. 독자의 이해를 돕기 위하여 현재 경영현장에서 다루고 있는 인사관리 업무는 그대로 진행을 원칙으로 한 것이며 위의 수치는 멘토링 시스템이 적용되는 목표 분야에서만 국한하고 있음을 밝혀 둔다.

## 경영 2. Two Way 경영인가?

One way(일방)경영과 대조되는 단어이다. 일방경영은 사장이나 일부 지도자들이 경영의 업무를 독점하여 일방적으로 처리하는 것을 의미한다. 이는 사원들을 신뢰하지 못하는 데서 오는 점도 있고 경영자 자신이 만능 박사라는 자기도취에서 오는 수도 있다. 아무래도 고도성장에서는 단시간 내에 다량의 물량을 생산하여야 하기 때문에 시간에 쫓기다 보면 그럴 수도 있음 직하다. 그러나 어떤 경우에서든지 경영자의 일방처리는 전 사원의 중지를 모아 시너지 효과를 거둬야 할 때에 결과적으로 많은 두뇌를 잃는 우(愚)를 범하는 것이다. 반면 Two way 경영은 일정 업무를 적절히 멘토사원에게 위임함으로 사원들로부터 경영의 신뢰를 얻을 수 있고 사원으로서 자부심과 애사심을 쉽게 얻을 수 있다.

멘토링은 사장의 정규업무에서 다루기 어려운 특수업무(개인일,

가정일, 취미, 특기생활, 동호회 활동 등)를 멘토에게 위임하는 것으로 회사에서 동기부여 등 관심을 갖고 후원하면 사장과 멘토와의 큰 시너지 효과를 얻을 수 있는 것이다.

## 경영 3. C. R. M 경영인가?

영어로는 Customer Relation Management의 약자로 '고객관계관리' 기법이다. 이는 회사(Company)의 생산 중심의 경영체계를 마케팅, 즉 고객 중심의 체계로 전환하고자 하는 최근 기법으로 고객과의 관계를, 먼저 고객의 인적사항이나 그간 거래사항을 자료(Data Base)화한 후에 그 자료에 의하여 고객의 취향에 맞게 1 : 1로 마케팅을 하자는 것이다. 이 CRM은 한 회사가 한 고객이 원하는 한 상품을 서비스해 주어 고객의 만족을 얻어 냄으로 재구매의 효과를 얻을 수 있는 것이다. 결국 한 고객을 챙기는 1 : 1 마케팅을 말한다.

멘토링에서는 바로 이 고객관리기법인 CRM을 그대로 내부 사원 고객에게 적용해 보자는 것이다. 왜냐하면 1 : 1 기법은 그 원조가 멘토링이기 때문에 너무나도 자연스럽게 도입이 가능한 것이다. 결국 한 사원을 챙기는 1 : 1 멘토링인 것이다. 사원들도 개개인의 인적사항, 개인성격, 재능, 특기, 취미, 노하우, 기술, 자격, 학위 등 자료 등을 멘토링 활동에 적용하고 멘토(Mentor)와 멘제(Menger)를 연결하여 그 활동을 지원해 주면 만족을 얻어 내는 데는 어렵지 않을 것이다.

## 경영 4. Hightouch 경영인가?

이는 HighTech라는 첨단지식(High Technology)에 대비되는 단어로 오늘날 과학문명의 발달로 인하여 사람의 기술이나 지식은 너무 앞서 가는 데 그에 비례해서 사람끼리 관계, 즉 상호 인성(Touch)도 고도로 깊어져야(High) 균형 있는 사회를 이룬다는 뜻이다. 특히 사람의 속성상 지적(知的) 부문, 즉 좌측 뇌에 교육을 집중하면 **의식화**(意識化)되어서 우리가 원치 않는 문제가 발생되는 데 타인을 비판하고, 정죄하고, 자기중심적이 되어서 조직의 분위기를 깨는 데 일조(一助)한다는 것이다. 오늘날 우리의 정규교육 현실과 기업의 교육 프로그램은 이러한 현상(現狀)을 급속도로 확산하는 주역(主役)을 담당하고 있다고 해도 과언은 아니다.

반면 멘토링 시스템은 이러한 이념이나 논리로 의식화되어 있는 상황에서 새로운 틀(New Paradigm)로서 경영의 현장에서 인간적인 배려로 업무촉진을 해 보자는 것이다. 다수를 관리하고 집단 교육하는 데서 오는 문제점을 멘토링에서는 1:1로 관계를 맺어 **생활현장**에서 개인적인 교제로 감정, 희로애락, 상담, 고백, 나눔 등으로 Hightech를 보완할 수 있는 최적의 High Touch기법이다.

## 경영 5. Mindship 경영인가?

한마디로 사람의 마음(Mind)을 얻어 내는 리더십(Leadership)을 의미한다. 그러면 반대되는 용어는 무엇이 있을까? 저자는 궁리 끝에 Bodyship을 선택했다. 좀 더 설명을 더 붙인다면 직장에 취업할 때 누구나 제일 먼저 작성하는 서류가 '근로 계약서'이다. 여기에는 중요한 사항으로 근로 시간이 있는데 일반적으로 하루에 8시간의 근로 조건을 제시하고 있다. 이 8시간의 개념은 하루에 노동력, 즉 보이는 몸(Body) 신체를 그 시간만큼 제공한다는 의미가 담겨 있다. 극단적으로 말한다면 몸으로 8시간만 채우면 되는 것이다.

바로 여기에 경영자의 지혜로운 리더십이 발휘되어야 한다. 몸만 얻는 Bodyship의 경영자와 마음까지 얻는 Mindship의 경영자의 경영 성과는 어떠할까? 바로 멘토링은 Mindship을 원하는 경영자에게 멘토(Mentor)로 하여금 그 사명을 자연스럽게 이룰 수 있는 계기가 될 것이다.

# 주제 11절. 멘토링 성과(Performance)

> ☺ **앤드류 카네기**
> 나는 나의 비문에 "자기보다 더 유능한 사람을 쓸 줄 아는 지혜를 가졌던 인물 카네기, 여기 고이 잠들다."라고 적고 싶다. 부자인 채로 죽는 것은 수치다. "시련을 당하면 웃어 넘겨라. 기회 앞에서 절박하라. 배움을 탐하라! 내가 성공할 수 있었던 것은 나보다 잘 아는 사람을 뽑아 쓸 줄 알았기 때문이다. 난 평생 사람을 알기 위해 노력했다."

전체 조직이 클수록 표준적인 기술을 가지고도 유통, 재무 절차, 인적자원 면에서 규모의 경제가 가능해진다. 따라서 멘토링 프로세스의 도입 목표는 생산성과를 위해 부서 내 멘토십을 겸비한 관리자들을 신속히 육성하는 것이다.

각 조직은 멘토링의 장단점을 비교하고 위험 요소를 기꺼이 감수할 수 있어야 한다. 한편 멘토링 활동을 통해 생산성 효과 측면에서 평가작업이 뒤따라야 한다. 그렇지 않으면, 설사 도입하더라도 좋은 성과를 거두기는 어렵다고 볼 수 있다.

## 1. 멘토링을 통해 얻는 생산성효과

조직에서 제도적 멘토링을 도입함으로써 생산성 효과가 되는 측면으로서 다음과 같은 장점들을 살펴보기로 하자.

　　1) 생산성 증가
　　2) 비용대비 효과성
　　3) 채용 성과 향상
　　5) 지적 자본 유지와 동기 관리
　　6) 서비스의 향상
　　7) 전략적 후임자 육성 계획

## 2. 멘토링을 통해 얻는 생산성목표

**목표 1) 신입사원 정착 멘토링 프로그램**
(1) 신입사원 멘제에게 멘토를 연결하여 직장 생활에서 다양한 정보와 지식을 제공함으로 성장잠재력을 개발하고 나아가 자기개발의 기회를 제공한다.
(2) 회사에서 신입사원 멘제들이 겪는 심리적, 사회적, 정서적 문제에 대한 유경험자 멘토들의 조언과 함께 고민(Slump)을 풀수 있는 자리를 마련해 준다.
(3) 신입사원 멘제들이 형님과 같은 멘토들과 교류기회를 확대하여 동료의식을 고취하고 신속한 적응을 유도하여 정착률을 향상시킨다.

## 목표 2) OJT 업무숙달 멘토링 프로그램

(1) 신입사원 멘제에게 상급자 멘토를 연결하여 직장 생활에서 다양한 정보와 지식을 제공함으로 성장잠재력을 개발하고 담당 업무숙달의 기회를 제공한다.

(2) 회사에서 신입사원 멘제들이 겪는 심리적, 사회적, 정서적 문제에 대한 유경험 상급자 멘토들의 조언과 함께 고민(Slump)을 풀 수 있는 자리를 마련해 준다.

(3) 신입사원 멘제들이 형님과 같은 멘토들과 교류기회를 확대하여 동료의식을 고취하고 신속한 적응을 유도하여 회사의 비전에 공감할 수 있도록 한다.

## 목표 3) 경력개발 멘토링 프로그램

(1) 조직 구성원의 자아실현을 위한 효과적인 인생설계의 지도

(2) 선배의 경력개발에서 배우는 자신의 경력개발 추진

(3) 조직 내 선/후배 간의 끈끈한 우정과 인간관계 구축

(4) 선배도 후배를 지도하면서 자신의 경력을 개발하며 상호 학습

(5) 상호 아이디어 개발로 조직 업무 추진에 시너지효과를 창출

(6) 조직의 목표에 대한 일체감 형성 및 직장생활의 질 향상

## 목표 4) 지식 기술력향상 멘토링 Program 도입 개요

(1) 조직의 리더로 자아실현을 위한 효과적인 인생설계의 지도

(2) 선배의 역량발휘에서 배우는 자신의 기술력개발 추진

(3) 조직 내 선/후배 간의 끈끈한 우정과 인간관계 구축

(4) 선배도 후배를 지도하면서 자신의 기술을 개발하며 상호 학습

(5) 상호 아이디어 개발로 조직 업무 추진에 시너지효과를 창출

(6) 조직의 목표에 대한 일체감 형성 및 기술리더로서 자질 향상

## 목표 5) 노사화합 촉진 멘토링 프로그램

(1) 조직의 리더로 자아실현을 위한 효과적인 인생설계의 지도

(2) 선배의 역량발휘에서 배우는 자신의 리더십개발 추진

(3) 조직 내 선 / 후배 간의 끈끈한 우정과 인간관계 구축

(4) 선배도 후배를 지도하면서 자신의 리더십을 개발하며 상호 학습

(5) 상호 아이디어 개발로 조직 업무 추진에 시너지효과를 창출

(6) 조직의 목표에 대한 일체감 형성 및 노사화합 촉진을 향상

## 목표 6) 핵심인재 개발 멘토링 프로그램

(1) 조직의 리더로 자아실현을 위한 효과적인 인생설계의 지도

(2) 선배의 역량발휘에서 배우는 자신의 리더십개발 추진

(3) 조직 내 선 / 후배 간의 끈끈한 우정과 인간관계 구축

(4) 선배도 후배를 지도하면서 자신의 리더십을 개발하며 상호 학습

(5) 상호 아이디어 개발로 조직 업무 추진에 시너지효과를 창출

(6) 조직의 목표에 대한 일체감 형성 및 핵심리더로서 질 향상

# 주제 12절. 멘토링 평가(Evaluation)

> ☺ 아인슈타인
>
> 인간이 경험할 수 있는 최고의 아름다움은 생명의 신비로움이다. 진정한 예술과 과학은 바로 이 신비로움 안에 있다. 과학과 예술은 이성과 감성에서 각각 흘러나오지만, 그 처음을 찾아가면 생명의 노래가 넘치는 인간의 근원에 도달하게 된다. 그러나 인간은 잠재능력의 10%밖에 사용하지 않는다.

## 1. 평가의 의미

멘토링에서 평가(Checking)의 의미는 멘토 / 멘제가 멘토링 활동기간 동안에 개인과 조직에서 얼마나 성과가 있는가를 평가하여 보여주는 것을 말한다. 특히 멘토링에서 평가 목적은 먼저 참여자의 포상만(벌은 배제)을 전제한다. 왜냐하면 정규업무를 다루면서 멘토링 활동까지 겸하기 때문이다.

## 2. 평가 착안점

멘토링의 이념은 타인을 배려하는 인간존중이다. 먼저 상호간 인격을 존중하면서 참여하는 멘토/멘제의 개인의 목표 대비, 성과지표에 착안하고 그다음 조직의 목표 대 성과지표를 정하여 사전에 발표하면 된다. 목표 대 실적평가는 추진 팀, 모니터, 멘토/멘제 등 참여자들의 책임감, 열정, 몰입도를 높일 수 있는 프로그램이다.

## 3. 타인 배려 평가

일반적으로 조직의 효율성을 위하여 구성원들을 **경쟁-평가 등식을** 활용하다 보니 치열한 경쟁의 후유증으로 구성원 간의 심한 갈등이 표출되고 있다. 멘토링의 타인 배려 평가방식은 **경쟁-협력-평가라는 등식을** 활용하여 참여자의 선의의 경쟁은 유도하되 타인을 배려하는 협력에 우선을 둠으로 갈등을 사전에 방지하고 성과를 얻게 되는 것이다.

* **일반 조직체: 구성원의 경쟁-평가=성과와 갈등**
* **멘토링 체제: 참여자의 경쟁-협력-평가=성과**

* 경쟁의미－타인과의 지나친 경쟁을 지양하고 자기와 경쟁을 유도하여 자신의 역량개발에 최우선을 두도록 한다.
* 협력의미－타인을 배려, 즉 멘토는 자신의 핵심역량을 최대한 발휘하여 멘제를 자신보다 더 큰 리더로 개발한다.

* 평가의미 - 멘토링 평가의 핵심은 개인의 인간성(Humanity) 평가와 조직의 생산성(Productivity) 평가의 상승률을 성과지표로 삼는 것이다.

* **인간성 평가: 만족도(교육 활동 관계 애사심) 개인 - PDI 조직 - HRI**
* **생산성 평가: 유지율, 정착률, 성과율, 확보율, 달성률, 회수율.**

## 4. 평가기준표

어떤 경영기법일지라도 기업의 양적, 질적 효과성과 연결하지 못한다면 채택 및 유지될 수 없는 것이다.

기업의 효과성을 위하여 만든 프로그램이 바로 7대 평가 목표율이며 이 기법을 적용하면 멘토링 추진 팀이나 멘토 등 관련된 모두가 강한 책임의식을 갖게 된다. 그러므로 멘토링 활동이 끝난 후에는 반드시 목표율에 의한 실적평가가 나타남으로 CEO는 한눈에 생산성 효과를 점검할 수 있는 것이다.

## 멘토링 정량평가 기준표

| 정성평가 - 비경제성 평가<br>**Humanity** - 인간성 | 정량평가 - 경제성 평가<br>**Productivity** - 생산성 | |
|---|---|---|
| \* 멘토링 만족도 평가 | 1. 유지율 | 최종 쌍수 / 당초 쌍수 × 100 |
| 1. 멘토링 교육만족도 | 2. 정착률 | 정착 신입원 / 당초 신입원 |
| 2. 멘토링 관계만족도 | 3. 확보율 | 확보인재 수 / 목표인재 수 |
| 3. 멘토링 활동만족도 | 4. 성과율 | 최종 성과율 / 당초 성과율 |
| 4. 조직 만족도 | 5. 숙달률 | 최종 숙달률 / 당초 숙달률 |
| \* 멘토 자생력 상승률 평가 | 6. 회수율<br>(ROI) | 총 회수액 / 총 투자액 |
| \* 개인 - PDI 상승률 평가 | | |
| \* 조직 - HRI 상승률 평가 | | |
| \* 멘제 업무 조기 숙달률 평가 | | |

## 멘토링 정량평가 적용표

1) 유지율 - 멘토 / 멘제 각 쌍이 종료까지 유지율 평가에 적용한다.
2) 정착률 - 신입사원이 종료 후 정착률 평가에 적용한다.
3) 확보율 - 핵심인재, 경력자확보율 평가에 적용한다.
4) 성과율 - 노사화합, 경영 지원 등 평가에 적용한다.
5) 숙달률 - OJT업무숙달, 지식경영, 품질향상, R&D 향상률 평가에 적용한다.
6) 투자회수율·투자 대 회수율평가에 적용한다.
\* 신입사원 3개월 인건비와 이직 감소인원 감안 회수액
\* 업무나 경력 조기 숙달 시에 단축 기간과 월 인건비 환산 감안 회수액

# Chapter 2

. . . . . . . . . . . . . . . . . . . .

# 멘토링 탈무드

─멘토 / 멘제가 현장 활동을 성공적으로 할 수 있도록
지혜 문서 형식으로 12주제에 104 Tip 실무 활동 지침서다.

# 1절. 멘토링 스타트(Start)

## 멘토링을 시작할 때 주의해야 할 점이다

멘토 자신이 효과적으로 멘토링할 수 있는 멘제를 찾는 것이 성공적인 멘토링의 첫 단추다. 여기에 한 가지 더하자면, 멘제와의 관계가 어떤 모습이 될 것인지 미리 구상하고 있어야 한다. 멘제가 멘토에게 무엇을 어느 정도 기대해야 하는지, 서로 관계의 선은 어느 정도 설정하는지, 멘토링의 잠재적인 위험과 이득은 어떤 것인지 서로 공유해야 한다.

뛰어난 멘토 가운데는 처음부터 시작과 전개는 물론 언제 끝날 것인가까지 계획하고 멘토링을 시작하는 사람도 있다. 멘토는 반드시 장기적인 목표를 가지고 시작해야 한다. 멘토는 멘제가 성장할수록 자립할 수 있는 능력도 커질 것을 계획에 넣고 공식적으로 멘토링을 끝낼 시점을 예상하고 있어야 한다.

그리고 멘토링이 진행되는 동안에는 멘제에게 얼마나 생산적인 도움을 주고 있는지를 주기적으로 평가해야 한다.

1. 물과 기름처럼 절대 어울릴 수 없는 멘토와 멘제가 있다.
2. 서로의 기대 수준을 명확히 밝히고 솔직하게 이야기하라.
3. 해야 할 것도 많지만 하지 말아야 할 것도 있다.
4. 인간관계 스타일에 따라 멘토링의 양상도 달라진다.
5. 멘토링 관계의 득과 실을 숨김없이 이야기하라.
6. 남성 멘토와 여성 멘제 사이는 더욱 세심한 주의가 필요하다.
7. 멘토링 초기부터 관계의 발전, 변화, 종료를 대비하라.
8. 정기적인 반성과 평가의 자리를 계획하고 마련하라.

# 2절. 멘토링 테크닉(Technic)

## 반드시 알아야 할 기본적인 멘토 기술이다

멘토링의 기술은 모두 쉽게 배우고 익힐 수 있는 것들이다. 적절한 태도와 필요한 지식을 갖춘다면 누구나 훌륭한 멘토가 될 수 있다.

하지만 여기에 소개할 멘토링 기술은 일류 기술자의 공구 상자에 불과하다. 사실을 잊지 말자. 실제로 공구를 제대로 사용하는 것은 전적으로 기술자의 재량에 달려 있다. 실력 있는 기술자라면 주어진 일에 맞게 적절한 공구를 사용할 수 있다. 또한 한꺼번에 모든 공구를 사용할 수 없다는 것, 어떤 일에는 특별히 더 중요한 공구가 있다는 사실을 잘 알고 있다.

훌륭한 멘토도 마찬가지다. 멘제 개인의 특성과 상황을 파악해 적절한 멘토링 기술을 사용해야 한다. 공구 상자 속에 공구를 갖추는 것만으로 훌륭한 멘토가 될 수 없다. 좋은 결과를 얻으려면 공구 사용법을 잘 알아야 한다.


1. 멘제를 선정할 때는 최대한 신중하라.
2. 멘제의 모든 것을 속속들이 연구하라.
3. '완벽'이 아니라 '최고'를 기대하라.
4. 멘제는 멘토의 칭찬을 먹고 산다.
5. 세심한 스폰서가 되어 권력을 나누어 주라.
6. 비공식적인 가르침이 더 오래 남는다.
7. 정신적 지주가 되어 격려하고 지지하라.
8. 경험자의 조언은 어려울 때 힘이 된다.
9. 신중하고 적극적인 태도로 멘제를 보호하라.
10. 어렵고 힘든 과제는 멘제의 성장을 촉진한다.
11. 멘제의 성공을 널리 알려 존재감을 부각시켜라.
12. 엉뚱하고 기발한 상상력에 끊임없는 응원을 보내라.
13. 잘못된 것은 즉시 지적하고 바로잡아라.
14. 칭찬은 아끼지도 말고 미루지도 말라.
15. 멘토의 실수담에 멘제는 용기를 얻는다.
16. 친밀감과 우정을 자연스럽게 받아들여라.
17. 일중독에 빠진 멘토는 가장 나쁜 본보기다.
18. 백문이 불여일견! 업무현장에 멘제를 초대하라.
19. 멘제의 시간과 약속은 무조건 지켜라.

# 3절. 멘토링 스타일(Style)

**멘토가 갖추어야 할 스타일과 성격을 소개한다**

훌륭한 멘토의 스타일과 성격은 대인관계에서 표출되는 공통점이 분명히 있다. 누구나 그렇듯이 멘제는 따뜻한 성품에, 상대의 말을 잘 들어주며, 넓은 포용력을 가진 멘토에게 쉽게 마음을 열고, 또 가장 많은 도움을 받는다.

멘제의 가치관에 대한 존중심, 멘제에 대한 예민한 감수성, 신뢰감과 유머감각도 중요하다.

멘토가 멘제와 관계에서 어떤 스타일로 접근할 것인가의 문제는 스스로 노력하면 혼자서도 충분히 개선할 수 있다.

1. 따뜻한 태도와 열린 마음은 중요한 양분이 된다.
2. 적극적으로 듣고 진지하게 대답하라.
3. 실패를 겪고 있을 때도 일관된 관심과 애정을 보여라.

4. 이상적인 모델이 되어 멘제의 숭배를 받아라.

5. 유머감각은 걱정, 근심, 두려움을 없애 준다.

6. 멘제의 인간적인 결점까지 있는 그대로 받아들여라.

7. 인간관계가 생산적인 멘토링의 열쇠다.

8. 있는 그대로 말하고 말한 그대로 행동하라.

9. 이상과 목표, 가치관이 다르더라도 받아들이고 존중하라.

10. 멘제의 성공을 질투하지 말라.

# 4절. 멘토링 스마일(Smile)

## 멘토의 웃는 얼굴은 멘제를 즐겁게 한다

"웃는 얼굴에 침 뱉지 못한다."라는 속담이 있다. 멘토가 밝게 웃는데 멘제가 화난 얼굴로 멘토의 감정을 무너뜨리는 멘제는 극히 드물다. 오히려 멘토의 미소에 전념되어 멘제도 즐거운 미소를 머금게 될 것이다. 유창한 화술보다 더 큰 힘을 지닌 것이 바로 미소다.

많이 웃으면 웃을수록 에너지가 생성되어 건강에까지 좋은 영향을 미친다는 웃음. 멘제를 만났을 때 멘토가 가장 먼저 해야 할 일은 바로 미소 짓는 것이다. 미소 짓는 얼굴, 그 얼굴에 말보다 더 소중한 아름다운 언어가 숨어 있음을 알아야 한다.

1. 멘제와 첫 번째 언어는 미소다.
2. 멘토가 되려면 미소부터 익혀라.
3. 눈이 웃어야 한다.

4. 멘제도 웃게 하라.

5. 어려운 대화일수록 미소를 담아라.

6. 큰 소리 내어 웃지 말라.

7. 입을 다 벌리거나 몸을 크게 움직이지 말라.

8. 웃을 때는 시원하게 웃어라.

9. 위트(Wit)는 대화의 장벽을 무너뜨린다.

# 5절. 멘토링 테마(Theme)

## 핵심 있는 대화가 멘제를 끌어 잡아당긴다

말을 오랫동안 많이 하는 것이 결코 말을 잘하는 것은 아니다. 한시간 동안 대화보다 10분간의 대화가 더 알차고 효과적일 수 있다. 바로 테마가 있는가 없는가이다.

사랑하는 연인들의 속삭임이 아니라면 멘제와의 대화는 목적이 뚜렷해야 하며 그에 따른 효과가 있어야 한다. 의미 없이 떠들어 대는 말은 대화가 아닌 그저 잡담 내지는 수다일 뿐이다. 멘토 당신은 평소 대회에서 당신이 전하고자 하는 테마를 얼마나 잘 이끌어 가는가?

1. 주제를 정확하게 밝혀라.
2. 멘제의 수준에 맞춰라.
3. 멘제의 관심사를 건드려라.
4. 멘토 혼자서만 말하지 말고 질문을 던져라.

5. 멘제가 말할 때 공감한다는 표정을 지어라.
6. 멘제의 표정을 읽어라.
7. 사례가 길면 테마가 흐려진다.
8. 숫자는 가장 빠르게 신뢰를 불러온다.
9. 테마를 잃지 않으려면 사전에 글을 디자인해라.
10. 시작과 마무리는 같아야 한다.

# 6절. 멘토링 마인드(Mind)


## 멘토가 멘제에게 마음속의 진실을 말할 때 감동한다

'마음에도 없는 말 하지 마라.' '내가 당신 속을 모를 줄 알아. 그 입에 발린 얘기 하지 좀 말라고.' 멘토가 진실을 말하는가에 대해서는 듣는 멘제가 더 잘 안다. 멘제는 멘토의 말이 진실하기를 원한다. 입으로 말하는 것이 아닌 가슴으로 하는 말이길 원한다. 마음에서 비롯된 언어는 진실이 담겨 있기 때문이다.

죄를 지은 자일지라도 진실을 말했을 때는 그에게 상응하는 도움을 주는 이유가 무엇이겠는가? 그만큼 우리에게는 진실한 말이 소중하다는 것이다. 멘제는 멘토가 진실만을 말하는 사람이길 원하며 멘토인 당신의 마음을 들을 때 멘제는 감동한다.

1. 가슴속의 진실을 말하라.
2. 시간을 기다리게 하지 말라.

3. 미련을 남기지 말라.

4. 멘토의 경험을 예로 들어라.

5. 멘제 외의 주위사람 말에 쉽게 흔들리지 말라.

6. 열등감을 자극하는 말은 하지 말라.

7. 주저 없이 당당하게 말하라.

8. 칭찬은 많이 할수록 좋다.

9. 멘제는 멘토의 숨은 진실을 원한다.

# 7절. 멘토링 보이스(Voice)

## 멘토의 목소리 크기에 따라 멘제도 움직인다

소리는 사람의 마음을 움직이는 힘을 지니고 있다. 슬픔 울음소리는 가슴을 찡하게 하고 밝고 명랑한 목소리는 새로운 희망과 즐거움을 갖게 한다. 알아들을 수 없을 만큼 힘없는 멘토의 목소리는 멘제로 하여금 짜증감을 갖게 하고 지나치게 큰 목소리는 과장과 허풍이 느껴진다.

대화를 나눌 때 어떤 톤의 목소리가 좋을까? 목소리는 당신의 운명을 바꿔 놓을지도 모른다. 멘토 목소리의 크기에 따라, 색깔따라 멘제와의 희비가 엇갈리기 때문이다.

1. 멘토의 목소리 톤(Tone)을 낮추어라.
2. 발음을 정확히 하라.
3. 멘제와 전화 대화 시에 동시에 두 가지 답을 요구하지 말라.

4. 멘토의 힘없는 목소리가 멘제의 사기를 저하시킨다.
5. 지나치게 큰 목소리는 신뢰를 떨어뜨린다.
6. 주위 상황이 바뀌어도 목소리는 변함이 없어야 한다.

# 8절. 멘토링 카리스마(Charisma)

## 멘토의 카리스마는 뭔가 독특하고 강렬한 색깔이 있다

말로 불쾌감을 주거나 모난 성격으로 거리감을 느끼게 하는 사람은 아니다. 하지만 카리스마를 지닌 멘토에게는 뭔가 특별한 힘이 있다. 특히 멘토의 말에는 멘제를 빨아들이는 흡인력 같은 것이 느껴진다. 대체 그게 무엇일까?

멘토의 말과 행동 자체에서 멘제를 자기 사람으로 만드는 강렬한 파워가 있는 사람, 그가 갖고 있는 것은 바로 카리스마(Charisma)이다.

1. 멘토의 멘제에 관한 열정은 기본이다.
2. 멘제와 활동 시에 강해야 할 때 강하게 쏟아라.
3. 말을 짧게 해야 할 때도 있다.
4. 첫마디부터 멘제를 끌어당겨라.
5. 멘토의 독특한 외모도 힘이다.

6. 멘토의 살아 있는 눈빛에서 카리스마가 쏟아진다.
7. 멘토에게 지식의 깊이가 있어야 한다.
8. 멘토의 말에 개성을 담아라.
9. 멘토 스스로 과소평가하는 말을 쓰지 말라.

# 9절. 멘토링 에티켓(Etiquette)

## 멘제와 지킬 것은 철저히 지키면서 말하라

"같은 말을 해도 그건 예의가 아니지. 지가 잘났으면 잘났지. 어디 대화할 때 팔짱을 끼고 말을 해. 건방지게. 우리가 초등학생이야 중학생이야. 다들 스무 살이 넘은 성인인데. 그 무시하는 말투 좀 보라구. 또 손가락질은 왜 하는 거야. 교양강좌 강의하는 선배 보라구. 그분하고 비교되잖아."

사람들은 똑똑하고 말 잘하면서 거만한 사람보다는 겸손하면서도 말 잘하고 매너가 좋은 사람에게 갈채를 보낸다. 멘토가 자기 잘난 멋에 길들여져 멘제에게 예의를 갖추지 않고 무례한 행동을 보이면 멘제는 마음이 상하여 또다시 만나기를 거부하게 된다. 멘토에게 원하는 에티켓은 매너와 겸손 그리고 인간미인 것이다.

1. 때와 장소를 가려서 말하라.

2. 멘제를 또 다른 멘제와 비교하지 말라.

3. 멘제의 말을 끊지 말라.

4. 멘토가 멘제 앞에서 하품을 절대 해서는 안 된다.

5. 공공장소에서는 톤을 낮춰라.

6. 멘제의 나이와 존칭을 동일하게 보지 말라.

7. 멘제에게 말할 때 언어 선택에 주의를 기울여라.

8. 멘제에게 무의미한 단어를 번복하지 말라.

9. 멘제의 실수를 감싸 주어라.

# 10절. 멘토링 액션(Action)

## 멘토는 먼저 매너를 생각하고 액션을 취하라

멘토가 말을 할 때 손 처리를 잘하는 것은 매우 중요한 일이다. 손은 자칫 잘못 사용하면 오버 액션이 되거나 멘제에게 매너 없는 사람으로 평가받기 십상이다. 또 서서 말을 하거나 강의할 때는 손 처리가 의외로 어렵기 때문이다.

주머니에 한 손을 넣거나 뒷짐을 지는 일, 팔짱을 끼거나 팔로 턱을 고이는 일은 아주 좋지 않은 액션이다. 멘토인 당신에게는 멘제와 대화할 때 액션의 문제가 없는가?

1. 손은 필요할 때만 써라.
2. 손으로 턱을 고이거나 팔짱을 끼지 말라.
3. 어수선하게 움직이지 말라.
4. 엉덩이를 보이지 말라.

5. 멘제와 대화 도중 자리에서 일어나지 말라.
6. 대화 도중 물건을 던지는 것은 폭력이다.

# 11절. 멘토링 유익(Benefit)

## 멘토링을 통해 멘토가 얻을 수 있는 것이다

　멘토가 되기 위해서는 반드시 자기 자신을 알고, 자신의 한계를 인식해야 한다. 자기 자신을 스스로 가꾸고 발전시켜 그의 존재 자체만으로도 멘제에게 모범이 되고자 한다. 훌륭한 멘토가 되는 법을 알고 있을 뿐만 아니라 멘토로서 자신의 행동에도 책임질 줄 아는 멘토십 실현에도 인정을 받아야 한다.

　멘토는 조직에서 상급자로부터 통제를 벗어남으로 자기 스스로를 다스려야 한다. 멘제에 대한 감정도 현실적으로 통제하고, 자신이 멘제에게 행사하는 엄청난 영향력도 항상 의식해야 한다. 또한 멘토들은 무조건적인 찬사와 아부를 듣는 위치에 있으므로 겸손한 마음을 늘 가슴에 새기고 살아야 한다. 그리고 멘제와의 관계를 악용하거나 멘제를 이용하려는 것은 절대 금물이다. 자신의 욕구보다 멘제의 이익과 안전을 우선적으로 생각하는 마음이 바탕이 되어야 할 것이다.

1. 멘토링에는 얻는 것도 많지만 책임과 위험도 따른다.
2. 스스로 돌보는 데 게을리 하지 말라.
3. 현업에서 가장 왕성하게 활동하는 사람이 가장 훌륭한 멘토다.
4. 전문가로서의 능력에 자신이 없다면 좋은 멘토가 될 수 없다.
5. 신뢰란 멘토와 멘제를 단단하게 묶어 주는 끈이다.
6. 감정을 존중하되 냉정한 자기 판단을 잊지 말라.
7. 권력과 영향력을 좋은 곳에 사용하라.
8. 비판을 받아들이는 겸손한 멘토는 언제나 존경받는다.
9. 멘토링을 통해 부당한 이익을 취하지 말라.

# 12절. 멘토링 마무리(Complete)

위기를 극복하고 유종의 미를 거두는 멋진 마무리를 어떻게 할 것인가?

완전무결한 사람은 없다. 그러나 훌륭한 멘토라면 관계에서 여러 가지 문제점들-**자신의 멘토나 멘제의 배경, 가치관 차이, 상호 관심사의 불일치, 성격 차이, 의사소통 차이, 기대 이하 역할 갈등, 무관심, 무능함**-이 발생할 수 있다는 사실을 인정하고, 문제를 빨리 파악하여 해결하고자 노력한다.

멘토/멘제 관계에서 문제가 생겼을 때는 모니터의 도움을 받아 멘토가 앞장서서 문제를 해결하고 관계를 회복하여야 한다. 그러나 회복이 불가능해서 관계를 정리하는 것이 최상의 해결책인 경우도 있다는 사실을 염두에 두어야 한다. 그런 경우에 멘토링 관계를 책임감 있게 마무리하는 것도 멘토의 몫이다.

수많은 멘토/멘제 관계가 제대로 된 마무리 없이 끝을 맞는다.

사려 깊은 멘토는 관계의 끝을 준비하는 것이 얼마나 중요한지를 잘 알고 있다. 훌륭한 멘토는 멘제의 자율성이 확대되고 멘토의 적극적인 개입이 줄어드는 단계에서 현명하게 마무리를 대처한다.

나아가 좋은 관계를 유지해 준 멘제에게 감사와 이별의 슬픔, 멘제의 성장과 발전을 지켜본 만족감 등을 솔직하게 표현하기도 한다. 한 걸음 더 나아가 멘토나 멘제가 상호간 자신들의 멘토링 활동에서 효과적인 면을 뒤돌아보면서 진정한 멘토의 삶의 방식을 재음미해 보는 것이다.


&lt;위기극복&gt;
1. 멘제를 보호하는 것은 가장 기본적인 임무다.
2. 충동적으로 반응하거나 문제를 회피해서는 안 된다.
3. 상황이 어려울수록 진실만을 말하라.
4. 모든 문제를 혼자 해결할 수 있는 사람은 없다.
5. 기록은 반드시 유용하게 쓰인다.
6. 지나치게 가혹하거나 편협하거나 완고하지는 않은가?


&lt;마무리&gt;
7. 변화와 성장이 없다면 침체와 퇴보뿐이다.
8. 멘제의 헤어짐을 감사하는 마음으로 받아들여라.
9. 뿌듯한 성취감을 가지고 이별을 준비하라.
10. 마지막 순간까지 멘토로 산다는 것.

# Chapter 3

# 멘토링 인간경영
# 이야기

─현장에서 개인 멘토링 이야기, 조직 멘토링 이야기, 성경 멘토링 이야기 등
3개 분야에 14개를 벤치마킹할 수 있도록 다루었다.

# 1절. 개인 멘토링

개인 간의 멘토링은 인류역사 이래로 인간의 관계 본능에서 사회 구석구석에서 자연스럽게 적용되어 왔다. 소크라테스에서 플라톤, 아리스토텔레스, 알렉산더 대왕으로 이어진 멘토링, 그 시대의 각 분야에서 거루(Guru – 대가)라고 일컬어지는 사람에게는 멘토링이 반드시 이루어졌다.

최근에 자기 자산의 80%(35조)를 빌게이츠 부부재단에 기증한 것으로 알려진 벅셔 해서웨이 사의 워런 버핏 회장은 빌게이츠와 1년간(1991년~현재까지) 멘토링 관계로 두 사람 사이 신뢰와 존경이 이러한 큰일을 해내게 된 것이다.

국내에서도 훈장제도 등에서 멘토링 등을 엿볼 수 있고 특히 최근 인기 드라마 중 대장금, 상도, 동의보감 허준 등은 훌륭한 멘토링으로 충분히 벤치마킹 대상이 될 수 있는 내용들이다.

# 1. 조수미 / 카라얀 멘토링

그녀는 서울대 음대를 수석으로 합격한 영광을 누렸다. 그러나 그 영광을 오래 지속하지 못하고 재학시절에 연애에 열중하다가 그만 과락을 면치 못하게 되었다. 금세 그의 인생은 연약하고, 고독하고, 실패의 쓴잔을 마신 주인공이 되어 버렸다.

86년 그녀는 큰 전환기를 맞이했다. 주위의 권유를 받아들여 자의 반 타의 반으로 이태리 유학의 문을 두드렸는데 행운의 여신은 당시의 21세기 거장(巨匠) 지휘자 헬베르트 폰 카라얀(Herbert von Karajan)을 만나는 길로 인도해 주었다. 조수미의 잠재력(潛在力)을 발탁한 카라 얀! 그는 "신이 내린 목소리."라고 극찬하면서 사랑하는 조수미를 세계적인 오페라왕으로 이미 그때 그녀의 길을 예고하였다.

그러한 멘토(Mentor)인 스승에게 최고의 존경심을 발휘한 조수미, 멘제(Menger)인 제자를 신뢰하고 성장을 지켜본 카라얀, 두 사람의 성공적인 멘토링(Mentoring) 사례는 우리 뇌리에 오래도록 기억되리라고 생각한다.

\* 조선일보기사(2005. 12. 29.)

김성현 기자 질문-20년간 가장 큰 영향을 미친 사람은 누구였습니까?

조수미 답변-"물론 카라얀입니다. 베르디 오페라 '가면무도회' 녹음 때 플라시도, 도밍고 같은 성악가와 함께 참가할 수 있는 기회를 줬고, 잘츠부르크 페스티벌에도 설 수 있었죠. 제겐 그저 할아버지 같은 분이라, 연습할 때 그분의 은색 머리를 잡아당기며 장난도 많이 쳤어요. '타고난 목소리가 있으니 절대 무리하지 마라.' '성대를 끊임없이 가꾸라.'라고 늘 가르침을 주셨죠."

## 2. 김택수 / 유승민 탁구황제 멘토링

8월 23일 탁구남자 단식 결승전에서 유승민이 중국의 왕하오와 맞섰을 때 많은 사람들이 '뻔한 결말'을 예상했다. 1996년 애틀랜타 대회 남녀 단·복식, 2000년 시드니 대회 남녀 단·복식에서 8개의 금메달을 모두 거머쥔 중국 만리장성은 도무지 난공불락이었기 때문이다.

왕하오와의 역대 전적에서도 6전6패. 양국의 자존심이 걸린 대망의 결승전. 유승민은 장기인 포핸드 드라이브로 승부수를 띄었고 왕하오는 비장의 무기인 이면타법(펜홀더라켓 뒷면으로 백핸드를 치는 기술)으로 사각을 찔러 왔다. 결과는 유승민의 4:2 완승. 한국 탁구는 88년 유남규 이후 16년 만에 세계 정상을 정복했다.

로이터 통신은 "금 후보로 유력한 쪽은 왕하오였지만 그는 유승민의 빛나는 경기력을 당할 수 없었다."라고 평했고 이 경기를 아테네의 명승부 중의 하나로 꼽았다.

올림픽의 금메달 스토리는 선수를 비롯한 주변에서 돕는 코치를 비롯한 많은 사람들이 소문의 근원지가 된다.

우리는 유승민의 금메달 스토리에서 먼저 손꼽을 수 있는 대상으로 김택수 코치를 들 수 있다. 그는 보통의 코치와 확실히 다른 면으로 진정 멘토십을 발휘했다고 볼 수 있다.

1) 그는 탁구대표선수로 선발되었으나 차세대를 위해 양보의 미덕을 발휘했다.
2) 그는 유승민에 자기의 비밀 병기로 여기는 빠타(일본에서 브랜드화한 것)를 넘겨주었다.
3) 그는 왕하오의 이면타법을 집중적으로 연구하여 하루에 수백 번 대응법을 훈련시켰다.

김택수 코치, 그가 바로 멘토 모델이다. 그는 기술지도뿐만 아니라 정신지도까지 훌륭하게 해낸 사람이다. 금메달을 딴 후에도 유승민에게 겸손을 요구했고 앞으로 더 호된 훈련에 대비하라고 권고했다.

또한 유승민이 "비록 자기가 운 좋게 중국 선수를 이겼지만 중국의 탁구 실력은 대단하며 왕하오는 운이 안 좋아 진 것이라."라고 겸손한 마음과 패자인 상대선수와 중국을 배려한 점은 선수 이전에 인간 됨의 한 단면을 보여주었다.

오랜만에 멘토링의 진수 바로 멘토가 자신의 역량을 최대한 발휘하여 멘제를 자신보다 더 훌륭하게 키우는 성공사례를 보게 되었다.

상사는 부하의 업무성과를 챙기고

코치는 선수의 게임승리를 챙기고
멘토는 멘제의 인간승리를 챙긴다.

그리고 탁월한 멘토는 이 세 가지를 다 챙기는 것이고 특히 그중
에서 최고 우선순위를 '인간승리'에 두는 사람이다.

## 3. 윤경희 삼성SDS 개발팀장 멘토링

### "직장생활 고충, 선후배가 함께 풀어요."

"요즘 커리어우먼은 가정과 직장일, 두 가지 모두를 완벽하게 해
내고 싶어 하지요. 멘제와 주고받는 대화의 상당부분도 가정과 직장
의 조화에 관한 겁니다. 고비마다 서로 의논하면서 더 좋은 해결책
을 이끌어 내곤 해요."

삼성SDS에서 교육컨텐츠개발업무를 총괄하고 있는 윤경희 팀장
(46)은 다른 부서 과장급 후배 여사원 1명과 멘토·멘제 관계를 맺고
있다. 삼성SDS가 지난해 7월부터 사내 여성사이트 'SDSWomen.com'
을 기반으로 사이버 멘토링을 시작하자 기꺼이 멘토로 참여, '특별한
관계'의 주인공이 됐다. 7,000여 명 직원 가운데 10명에 불과한 여성
부장인 만큼 후배를 도와주고 이끄는 역할을 자임한 것.

"처음에는 나의 멘제가 누구인지 전혀 몰랐어요. 그도 그럴 것이
인사팀에서 서로를 연결해 줄 때 역할만 알려줬고, 주로 인터넷 대

화방에서 익명의 만남을 가졌으니까요. 하지만 시간이 지나면서 대화내용, 고민의 특징 등을 통해 누구인지 짐작을 했죠. 지난 2월, 7개월 만에 처음으로 오프라인에서 만났을 때 서로가 짐작한 사람이 딱 맞아 둘 다 크게 웃었습니다."

윤 팀장은 자신의 역할에 대해 "이야기를 들어주거나 경험을 이야기해 주는 사람"이라고 했다. 까마득히 후배라고 해서 무언가 가르치거나 의견을 앞세워서는 안 된다는 것, "어떤 고민이든 해결은 스스로 해야 하므로 좋은 해법을 찾을 수 있도록 옆에서 도와줄 뿐"이라는 설명이다.

어느 날 멘제가 "직장일과 가정사가 겹쳐 어떤 일을 먼저 처리할지 우왕좌왕하고 있다. 파트장에게 털어 놓고 도움을 청하는 게 옳을까?"라며 상담을 요청했다. 이에 대해 윤 팀장은 "일의 우선순위부터 세우고 평소에 직무 위험관리를 하라."라고 조언했다고. 하라, 하지 마라가 아니라 어떤 관점에서 일을 풀 것인지 말해 준 것이다. 그는 "후배와의 교류를 통해 스스로를 돌아보기도 한다."며 "나도 든든한 멘토가 있었으면 좋겠다."라고 말했다.

윤 팀장은 입사 12년차로 삼성SDS 여성인력 가운데 최고참급. 그는 "전체 직원 가운데 여성인력은 16% 정도에 불과하다."며 "남성위주 조직에서 힘겨워하는 이가 있다면 멘토링으로 풀어 볼 만하다."라고 권했다. "멘토링의 미덕은 긍정적 마인드로 조직 생활을 할 수 있도록 서로에게 정신적인 지원군을 만들어 주는 것"이란 게 윤 팀장의 생각이다.

## 4. 박재범 한국산업은행원 멘토링

**"무서운 상사가 든든한 형님으로"**

"멘토제도 덕분에 신입행원 시기를 즐겁게 보낼 수 있었습니다. 직장에 빨리 적응하고 애사심도 커졌어요. 특별한 관심을 갖고 지켜보는 선배가 있다는 게 얼마나 든든한지 몰라요."

2002년 8월 입행해 이제 3년차가 된 박재범 산업은행 자금 결제실 행원(29)은 두 명의 선배 멘토를 무척 자랑스러워했다. 입행하자마자 회사가 열어 준 성대한 '멘토결연식'을 통해 최광현 국제금융실 팀장을 멘토로, 박재훈 재무관리본부과장을 멘토 도우미로 '모시게' 된 후 지금까지 돈독한 사이를 유지하고 있다. 공교롭게도 세 사람 모두 고려대학교 동문이어서 쉽게 편안한 사이가 될 수 있었다고. "사회생활을 처음 시작하는 신입사원이 수십 년 경력의 선배와 같이 지내는 것은 거의 불가능한 일이죠. 멘토제도가 아니었으면 무서운 직장 상사와 애송이 사원의 관계에 그쳤을 겁니다. 터놓고 이야기할 기회는 물론, 진하게 술 한잔할 기회도 없었겠죠. 하지만 지금은 인생선배로 직장의 든든한 버팀목으로 두 분을 대하고 있습니다. 술자리에선 '형님'이라고 부르기도 해요."

50대, 30대, 20대인 남자 셋이 모이는 만큼 멘토링 터전은 주로 술자리다. 직장 생활 에피소드부터 개인사까지 하지 못할 이야기가 없다. 선배는 후배에게 사회생활의 지혜를 전해 주고 후배는 선배에게 젊은 감각과 패기를 심어 준다. 박 씨는 "다른 직장에 들어간 친구들의 이야기를 들어보면 나는 정말 행운아라는 생각이 든다."며 "남들보다 빨리 수직교류를 경험할 수 있고 이를 통해 인적 네트워크를 확대하는 효과도 있다."라고 덧붙였다.

사실 상업은행의 멘토제도는 금융권에서는 널리 알려져 있다. 신입행원이 연수를 마치면 모범적인 선배를 배정해 은행업무는 물론 진로지도나 인생상담을 하도록 지원한다. 분기마다 지원금이 나와 멘토, 멘토도우미, 멘제가 부담 없이 어울리도록 하는 것도 특징.

박 씨는 "선배들이 직장에 대해 프라이드가 상당히 높아 늘 자부심을 갖고 일한다."라고 말하고 "선배의 가르침으로 직무 전문성을 높이는 것도 좋지만, 인간적인 교류를 통해 끈끈한 인연을 맺는 것이 더 매력적"이라고 말했다. 그는 "멘토가 퇴직한 후에도 언제까지나 성실한 멘제로 남아 있을 것"이라며 뿌듯한 웃음을 지었다.

## 5. 박기완 호텔신라 조리부 사원

### "멘토링 덕분에 특급호텔 요리사 꿈 이뤄"

"대학시절 멘토링을 하지 않았다면 지금 이곳에 없었을 겁니다." 신라호텔 메인주방의 부춰(Butcher정육) 섹션에서 일하는 박기완 씨(28)는 "멘토링 경험담을 말해 달라."는 주문에 경상도 사나이답게 단답형으로 대답했다. 실제로 그는 멘토링 덕을 톡톡히 본 사람이다.

멘토링 덕분에 진로를 진지하게 고민하게 됐고 도전 의식도 생겨 '선망의 대상' 특급호텔 요리사가 됐기 때문.

경북 경산시 대경대학 호텔조리과를 졸업한 박 씨는 요리가 좋아 뒤늦게 전공을 바꾸었다. 건축학과에 다니다 제대 후 다시 입학시험을 봐 호텔조리과에 들어간 것. 그러나 막연히 요리가 좋았을 뿐. 졸업 후 진로에 대해서는 심각하게 생각지 않았다. 스스로 "놀기를 좋아해서 학업에 그리 열심이지 않았다."라고 털어놓았다.

박 씨가 모범생으로 '변신'한 것은 신라호텔에서 10여 년 근무한 하대중 교수와 멘토링(당시엔 전담지도교수제)을 하면서부터였다. 수시로 연구실을 찾아 대화를 나누고 하 교수와 요리 봉사 동아리 활동을 함께하면서 적잖은 영향을 받았다. 박 씨는 "하 교수를 만나기 전에는 서울에 큰 호텔이 롯데 하나밖에 없는 줄 알았다."며 "호텔 요리사의 세계를 간접 체험하면서 큰 직장에서 더 많이 배우고 싶다는 생각을 하게 됐다."라고 말했다.

특급호텔로 목표를 정한 박 씨는 2000년 7월 신라호텔 실습생 모집에 응시, 선발된 후 엄격한 시험 절차를 거쳐 2001년 1월 정직원이 됐다. 지금은 일 배우는 재미에 푹 **빠져** 눈코 뜰 새 없이 바쁜 생활이 이어지고 있다.

하지만 바쁜 와중에도 1년에 서너 번 학교를 찾아 스승에게 인사하기를 **빼놓지** 않고 있다. 하 교수의 전 직장인 신라호텔의 새 소식을 전하기도 하고 한수 가르침을 받아오기도 한다. 하 교수가 현역 요리사 시절 활용하던 레시피를 받은 날은 말할 수 없이 기뻤다고. 하 교수 역시 방학 때면 신라호텔 주방을 찾아 제자의 활약상을 직접 보곤 한다.

박 씨는 후배들에게 멘토를 자청, 일자리 정보와 수험 노하우 등을 제공하는 역할도 하고 있다. 그는 멘토링에 대해 "1999~2000년 당시는 도입 단계여서 시행착오가 많았지만 이제는 상당히 체계적으로 바뀌었다."라고 평가하고 "상대적으로 정보가 취약한 지방대의 경우, 교수나 선배가 멘토링에 참여해 후배들을 좋은 방향으로 이끌어 주는 게 필요하다."라고 강조했다.

# 2절. 조직 멘토링 이야기

　조직에 적용하는 멘토링은 중세 유럽의 길드(Guild - 동업계조합)제
도에서 신규 가입하는 경영자에게 기존의 성공한 경영자가 1:1로
멘토링을 하는 데서 시작되었다. 거의 동시대에 우리나라 개성상인
사이에도 훌륭한 멘토링 사례를 볼 수 있다.

　1970년대부터 북미지역 특히 GE그룹에서 종합 멘토링을 시작하여
기업, 학교, 교회, 공공기관 교회 등 전 조직에 체계화된 프로그램인
제도적 멘토링(Systematic Mentoring)이 자리를 잡으면서 오늘날 국
내에서도 삼성그룹을 비롯하여 재벌그룹을 시작으로 확산일로에 있
다고 볼 수 있다.

# 1. 삼성그룹 - 핵심인재관리 멘토링

## 1) S급 인재 등 핵심인재 멘토링

윤종용 삼성전자 부회장은 상당수 외국인 핵심인재의 멘토(Mentor = 경험과 연륜으로 상대방의 잠재력을 파악하고 그가 꿈과 비전을 이뤄 리더로 성장할 수 있도록 도움을 주는 사람)를 맡고 있다. 멘토의 상대방은 외부에서 영입한 S급 인재. 윤 부회장은 한 달에 한 번씩 이들과 식사를 하거나 면담을 갖는다. 그는 "하늘이 두 쪽 나도 이 약속은 지켜야 한다."라고 강조한다. 대화는 복잡한 현안들이 배제되고 가족들 안부를 묻는 데서 시작된다. 일상의 크고 작은 고충과 애로들을 물어보고 업무 흐름에 불편함이 없는지도 세세하게 체크한다. 면담이 끝나고 나면 윤 부회장은 직접 메모를 작성해 관련부서에 업무 지시를 내린다.

* S급(Super) 인재 - 최고경영자 대우받는 인재
* A급(Ace) 인재 - 핵심추진인력으로 분류되는 인재
* H급(High Potential) - S급 인력으로 양성가능한 인재

삼성전자의 최도석 경영지원 총괄사장과 김인수 인사팀장도 이런 식으로 핵심인재들과 매월 다섯 차례 정도 정기 면담을 갖는다. 삼성은 핵심인재가 회사에 안착해 오랫동안 다닐 수 있도록 다양한 제도적 장치를 해 놓고 있다. 멘토제도도 그중의 하나다. 사장은 S급 인재. 사업부장은 A급 인재. (수석)부장은 H급 인재에 대해 일대일로 직접 멘토를 맡아야 한다.

매월 면담보고서를 제출해야 할 뿐만 아니라 개선 요청사항을 받

아들여 즉시 시행하는 것도 멘토의 의무다. 만약 핵심인재가 석연찮은 이유로 회사를 그만두게 되면 1차적으로 책임을 져야 하는 사람 역시 멘토다.

### [퇴직 조기 경보제]

삼성이 이처럼 핵심인재를 일대일 멘토링 기법으로 관리하는 이유는 인재를 영입하는 것 못지않게 이들을 안착시키는 일이 어렵다고 판단하기 때문이다. 삼성관계자는 "능력이 뛰어날수록 경쟁사의 스카우트 표적이 되기 쉽고 외국인들의 경우 이질적인 한국 문화에 적응하기 어렵다는 점을 감안한 제도"라고 설명했다.

특히 조직 운영에 불만을 품고 떠난 외국인이 험담을 하고 다니는 상황은 최악이다. 세계 IT업계에 평판이 나빠지면 인력 수혈에 큰 차질이 빚어질 수밖에 없기 때문이다.

삼성전자는 이 때문에 핵심인재들을 대상으로 '3색경보체제'를 은밀하게 가동하고 있다. 인력의 퇴직가능성을 △녹색(안정적), △황색(약간 불안), △적색(퇴직가능성 고조) 등으로 분류, 핵심인재의 이탈을 조기에 감지하는 시스템이다. 퇴직가능성이 있다고 판단하는 사람에 대해선 중점 관리에 들어가 대인관계와 개인 전문성과 업무의 불일치 여부 등을 정밀하게 진단, 즉각 개선책을 마련한다.

현재 2천 명이 넘는 핵심인재 중 S급은 대부분 녹색, A급은 99%가 녹색, H급은 98%가 녹색 등급을 받고 있는 것으로 파악됐다.

### [집안일까지 지원]

외국인이 삼성에 입사하게 되면 일단 'Employee Guide Book'이라는 이름의 두꺼운 책자를 제공받는다. 영어판, 일어판으로 제작된 이 책에는 인사제도, 편의 시설, 회사소개, 정착정보, 주거지, 금융·의료시설 이용법 등이 자세하게 소개돼 있다.

여기에 각 사업장에는 'Global Help Desk'라는 이름의 지원 조직이 설치돼 총 20여 명의 전문인력이 배정돼 있다. 영어 요원 10명, 일본어 요원 10명 등으로 구성된 이들은 핵심인재의 크고 작은 집안일과 차량관리, 해외 출장 시 입출국 비자업무 처리 등 업무 수행에 필요한 제반 지원활동을 펼치고 있다.

삼성은 또 가족을 고국에 두고 홀로 생활하고 있는 핵심인재들을 위해 해외에 있는 가족들의 대소사도 챙겨 준다. 예를 들어 부인이나 다른 가족이 일자리를 원할 경우 글로벌 인사팀을 통해 즉각 직장을 마련해 주기도 한다.

외국인 핵심인재들에겐 다국적 기업 수준의 높은 연봉 외에 MDI(Market Driven Incentive), TDI(Technology Driven Incentive) 등 명목으로 다양한 인센티브가 제공된다. A, H급 인력의 경우 수백만 원에서 수억 원까지 책정돼 있다.


## ['흔들기'는 금물]

하지만 우수 인재를 붙들어 두기 위한 가장 큰 장치는 회사의 강력한 의지다. 윤종용 부회장은 임직원들에게 틈날 때마다 "외부에서 왔다고 텃세를 부리거나 따돌리는 일이 생기면 결코 좌시하지 않겠다."라는 뜻을 밝히고 있다.

최지성 디지털 미디어 총괄 사장 역시 외국인들과 수시로 식사를 하며 "업무에 불편한 일이 있으면 나를 직접 찾아오라."라고 주문한다. 삼성은 이를 통해 인재 간 상생풍토를 조성, 조직 전반의 경쟁력을 높인다는 전략이다.

**[삼성핵심 인재 확보 육성 전략]**

| 확 보 ➡ | 배 치 ➡ | 육 성 |
|---|---|---|
| *변화 주도 역량 확인<br>*전문역량 포착<br>*이질적 요인 포용 | *적재적소 배치<br>*업무 및 일상의 불편해소<br>*멘토제 시행 (1 : 1 관리) | *성장 비전 제시<br>*도전기회 제공<br>*인재 간 상생 풍토 조성 |

## 2. 포스데이타 멘토링

포스데이타에서는 신입사원의 조직적응도를 높이고 체계적인 업무기술을 전달하기 위해 2001년 8월부터 멘토링 제도를 도입·실시하고 있다.
이 회사에서는 기본적으로 신입사원과 모범 선배사원을 일대일로 연결시켜, 선배사원으로 하여금 신입사원을 양성하도록 책임을 부여하고 있다.
포스데이타에서 시행하고 있는 멘토링 제도의 주요 특징을 살펴보면 다음과 같다.

### 1) 도입 배경

첫째, 신입사원들에 대한 체계적인 교육이 절실했다.
이 회사는 1999년부터 3년 동안 신입사원의 채용이 증가하면서, 이들에 대한 체계적인 관리의 필요성을 느끼게 되었다. 따라서 멘토링을 통한 지속적인 지도와 후원으로 이들이 빠른 기간 내에 회사에 기여할 수 있도록 유도한 것이다.

둘째, 생산성 향상에 도움이 된다.

신입사원의 업무기술 습득을 가속화시킴으로써, 결과적으로 생산성을 향상시키는 효과를 볼 수 있었다.

셋째, 구성원들의 업무 몰입도를 높일 수 있다.

멘제의 개인적인 문제나 고민을 멘토가 상담하고 해결해 줌으로써, 이들이 업무에 집중할 수 있도록 유도했다.

### 2) 멘토의 자격

첫째, 멘제의 신뢰를 얻을 수 있는 인품과 업무경험, 기술을 가지고 있어야 한다.

둘째, 회사가 원하는 임무, 전략, 업무에 대한 목표 등을 정확히 이해하고 있어야 한다.

셋째, 리더십 역량을 갖춘 3년 이상의 경력사원이어야 한다.

이 회사에서는 인사팀과 교육팀으로 구성된 멘토링 운영위원회로 하여금 위와 같은 세 가지 요건을 종합적으로 평가하여 멘토를 선정하도록 하고 있다.

### 3) 멘토의 역할

포스테이타에서 요구하는 멘토의 역할은 다음과 같이 크게 네 가지로 요약할 수 있다.

① 교사 역할

② 상담자 역할
③ 코치 역할
④ 스폰서 역할

또한 멘토는 주 1회 멘토링 활동에 대한 결과를 소속 부서장 및 인사팀에 보고해야 하며, 3개월 후에는 최종적으로 소속 팀장이나 인사팀에 멘토링 결과 보고서를 제출해야 한다.

### 4) 매칭 프로세스

이 회사에는 멘토와 멘제의 연결 효과를 극대화하기 위해 다음과 같은 매칭 프로세스(Matching Process)를 적용하고 있다.

① 신입사원을 채용하면 부서 배치 1~2주일 전에 인사팀에서 해당 팀에게 각 신입사원에 대한 인적사항을 통보하고 적절한 멘토를 추천하도록 의뢰한다.
② 소속 팀장은 신입사원의 직무와 개인신상을 바탕으로 가장 적합한 멘토를 선정하여 담당임원의 승인을 받고, 인사팀에 통보한다. 이때 해당 팀에 적절한 멘토 후보가 없을 경우, 타 팀장에게 협조를 요청할 수도 있다.
③ 인사팀 또는 멘토링 운영위원회에서는 추천받은 멘토와 멘제가 서로 적합한지를 고려하여 최종적으로 멘토를 임명하고 인사발령을 낸다.
④ 교육팀 및 멘토링 운영위원회에서는 선발된 멘토들을 소집하여 멘토링 활동에 대한 교육을 실시한다.

### 5) 회사지원

포스데이타에서는 다음과 같이 회사 차원에서 멘토링 활동을 적극적으로 지원하고 있다.

① 월 10만 원 내에서 멘토링 활동비를 지원한다.
② 멘토를 대상으로 멘토 교육과정을 개설하여 멘토링 제도의 정의 및 도입 취지, 내용, 역할, 효과적인 멘토링 기법 등을 전달한다.
③ 멘토 운영위원회를 구성하여 매월 정기모임, 상담, 제도 개선 등을 통해 지속적이고 효과적으로 멘토링 활동을 지원한다.

결과적으로 포스데이타는 멘토링 제도를 통해 신입사원 조기 퇴사율을 16%에서 2.4%로 그리고 3년차에서는 1.8%로 감소시킬 수 있었다. 또한 개별적 밀착 관리를 통해 잠재적인 핵심인재의 조기 선별 및 회사에 대한 구성원들의 몰입도 강화, 세대 간 사고 및 생활방식의 상호 이해 등 측면에서 큰 효과를 얻을 수 있었다.

## 3. 삼양사 멘토링

(인력개발팀 안해정 과장 월간 HRD기고문)
제도적 멘토링 운영으로 '신입사원 빠른 정착' 성과
1924년 설립돼 설탕, 밀가루, 식용유 등 식품군을 비롯해, 엔지니어링 플라스틱 등 화학소재, 의료용구 등 8개 사업부와 8개의 계열사를 거느리고 있는 삼양그룹은 80년대 중반 이후부터 QC, TQM, TOP, 관리 혁신, ERP, CRM, KM 등 다양한 변화관리 활동을 성공적으로 진행해 왔다. 그러나 이러한 하드웨어적 변화관리만으로는 글로벌 경쟁력을 확보하는 데 어려움이 있다고 판단했다. 이른바 한 명의 인재가 10만 명을 살리는 'war for talent'의 시대를 대비하기 위해서는 신입사원의 조기정착 및 체계적인 육성을 통해 핵심인재로서의 육성이 요구됐고, 이에 삼양은 지난 2002년부터 신입사원을 대상으로 멘토링 제도를 도입, 운영해 오고 있다. 삼양의 신입사원 운영체계는 다섯 단계로 진행되는데, 마지막 단계가 멘토링이다.

| 입사전교육 (3주) | → | 입문과정 (1주) | → | 배치전OJT (1주) | → | 배치후OJT (3월) | → | Mentoring (12월) |
|---|---|---|---|---|---|---|---|---|

## 1) 멘토링 Process

삼양의 멘토링은 '역량향상'과 '안정된 생활 유도'라는 두 가지 목표를 가지고, 지난 2002년 8월부터 전 계열사 신입사원을 대상으로 시행하고 있다. 2002년 신입사원 26명과 선배사원 26명이 멘토링 커플이 되어 참여한 1기 멘토링을 시작으로 2, 3기를 성공적으로 실시하고, 현재 5기와 6기 멘토링이 진행 중이다.

멘토링 활동은 4~10년차 선배사원으로 구성된 멘토와 신입사원인 멘제가 1 : 1로 매칭돼 1년 동안 공식 / 비공식 멘토링 활동을 하게 된다.

## 2) 선발과 커플매칭

멘토는 삼양에 만 3년 이상 근속한 선배사원 중에서 충성심(Loyalty)

과 청렴도(integrity)가 높고, 업무 및 역량 수준, 대인관계와 리더십이 뛰어난 사람들 위주로 COO(Chief Operation Officer, 최고운영책임자)의 승인을 얻어 선발한다.

선발된 멘토 pool은 교육을 통해 멘토링 제도를 이해하게 되며, 발대식에서 커플을 매칭하게 된다. 커플 매칭은 크게 세 가지 원칙을 따르고 있다. 첫째, 대면 멘토링 활동을 원활히 수행할 수 있도록 동일지역 근무자를 우선으로 하고 있으며(Same Area), 둘째, 다양한 인적 네트워크를 확보하고, 업무 지도를 목적으로 하는 OJT와의 중복을 피하기 위해 동일 팀을 피하고 있으며(Different position), 마지막을 가급적 동성 간의 커플 매칭(Same Gender)으로, 이 원칙은 상황에 따라 유연하게 적용하고 있다.

### 3) 멘토링 활동

멘토링 발대식을 통해 교육을 받은 커플은 1년 동안 공식 / 비공식 멘토링 활동을 하게 된다. 커플이 매칭되면, 커플은 상호 협의하여 멘토링 목표와 활동계획을 수립하며, 수립된 목표와 계획에 따라 공식 / 비공식 활동을 시작한다.

특히, 매월 15일은 'Mentoring Day'로 정해 멘토링 활동을 독려하고 있으며, 커플에게는 매월 10만 원의 멘토링 활동 지원금이 지급되고 있다. 활동 직후에는 멘토가 주관하여 활동 내역을 멘토링 홈페이지를 통해 기록하게 되며, 인력개발팀은 이러한 활동 기록 내용을 바탕으로 멘토링 활동을 모니터링하고, 매월 활동이 우수한 한 커플을 '이달의 우수 멘토링 Champion 커플'로 선정해 포상하고 있다.

### 4) 멘토링 활동 모니터링

2005년 7월 종료한 3기 멘토링을 모니터한 결과, 멘토링 커플의 평균 미팅횟수는 월 2~3회 수준이며, 1회 미팅 시 소요시간은 1~2시간 정도인 것으로 나타났다.

멘토링 목표는 대부분이 멘토와 멘제의 합의에 의해 결정됐고, 과반수 정도가 기초 설정한 목표를 달성한 것으로 조사됐다. 이성(異性) 멘토링 커플 매칭에 대해서는 대다수가 중립 또는 부정적 견해를 나타냈다. 이와 함께 보완해야 할 이슈로 공식적으로 멘토링 활동 이외에 소그룹 규모의 다양한 멘토링 프로그램의 개발과 해당 팀장의 보다 적극적인 관심이 필요하다는 데 의견이 모아졌다.

### 5) 활동 평가

멘토링 활동은 멘토링 활동과 만족도 수준에 의해 평가된다. 우선 활동 평가는 공식 행사 및 교육의 참여도와 활동일지의 작성 수준을 바탕으로 평가하며, 이달의 우수 멘토링 챔피언 등에게는 일정 수준의 가산점을 부여하고 있다. 만족도 평가는 멘토의 만족도를 가장 크게 반영(30%)했으며, 멘제의 팀장이 평가하는 멘토링 활동의 효과성(10%), 멘토의 팀장이 평가하는 멘토링 활동의 효과성(10%)을 반영하고 있다.(그림 3 참조)

| 활동 평가(50%) | 만족도 평가(50%) |
|---|---|
| 공식행사 참여도 | 멘제 만족도 |
| 이달의 멘토링 챔피언가산점 | 멘제 팀장 만족도 |
| 활동일지 작성도 | 멘제 팀장 만족도 |

## 6) 멘토링 종료 후 우수사례 공유

1년간의 멘토링 활동이 종료하면, 종료식을 실시하고 있다. 종료식에서는 평가결과를 바탕으로 우수 커플을 포상하고, 우수 사례를 공유한다. 또한 활동이 우수한 멘제들은 향후 잠재적인 멘토 풀로서 관리되며, 실제로 지난 2002년 실시한 1기 멘토링에서 우수한 활동을 보여준 멘제들은 현재 6기의 멘토로 활동하고 있다.

## 7) 멘토링 도입 효과

멘토링을 실시한 이후, 신입사원 이직률이 낮아졌으며, 회사에 대한 만족도는 상승했다. 멘토의 도움을 받아 신입사원은 사내에서 일어나는 갈등과 관리와 CDP 계획, 역량개발 계획을 효율적으로 실천해 나아가며, 더불어 인적 네트워크를 키워 나가게 된다. 또한, 멘토로 활동한 선배 사원들은 멘제와의 대화를 통해 스스로 리더십을 형성해 나가는 훈련을 하게 된다.

이러한 활동을 통해, 결국 회사는 신입사원의 조기 전략화와 중간 관리자의 리더십 향상이라는 두 가지 큰 소득을 얻을 수 있었다.

## 8) 멘토링 이슈

신입사원 멘토링이 꾸준히 자리를 잡아가고 있지만, 아직 멘토링의 객관적 평가제도의 개발과 효과성의 측정은 지속적으로 해결해야 할 과제다. 또한, 이를 확대하여 핵심인재나 팀장 후보군에 대한 확대가 꾸준히 논의되고 있다.

## 4. 삼성테크윈 멘토링(김준현 과장 자료 제공)

21세기 Digital 시대의 진정한 리더가 되기 위해 당사는 2000년 '삼성항공산업㈜'에서 '삼성테크윈㈜'(Technology Winner)으로 사명을 변경하고 World class의 제품을 육성하기 위해 모든 역량을 집중하고 있다. 특히 멀티미디어의 총아인 디지털카메라와 영상정보기기, 반도체 부품 및 장비 그리고 항공기 엔진에 이르기까지의 다양한 제품군(群)은 새로운 인재와 그에 맞는 인재상을 요구하고 있으며 그 결과로 최근 3년간 신입사원의 수는 급격히 늘어나고 있는 추세다.

### 1) 신입사원은 조기에 조직의 가치관을 공유해야

최근 입사하는 신입사원들의 성향은 기성세대에 비해 '자기중심적 개인주의'가 강하다는 반면에 보다 풍요롭고 안정된 사회 속에서 성장하여 온 까닭에 솔직하고 진지한 일면과 합리적인 사고방식을 갖고 있다는 점이다.

신입사원들은 자신들의 주장이 기업으로부터 받아들여지지 않는데 대하여 당혹감을 느끼기도 하고 심지어 기업에 대한 실망을 느끼고 조직을 떠나는 사례가 늘고 있다. 즉 기업에 대한 소속감의 약화, 전직성향의 상승으로 나타나고 있는 것이다.

리차드 파스칼(Richard Pascale) 교수는 신입사원에 대하여 가능한 한 조기에 '회사인간'으로 바꿀 것을 강조하고 있다. 신입사원의 특성인 가치관의 다양성은 존중하되, 영속적 성장이라는 명확한 조직의 목표를 갖고 있는 기업에 들어온 이상 하루빨리 그들의 가치관을 조직의 가치관에 맞도록 바꾸는 노력이 필요하다는 것이다.

즉 기업문화에 적응할 수 있는 인재를 채용하는 것이 가장 중요하겠지만 이미 채용한 신입사원에 대해서는 기업문화에 맞는 가치관을 가질 수 있도록 조기에 훈련과 교육이 필요하다고 강조하고 있다.

이를 위해 당사에서는 기존의 후견인제도를 보완하여 2003년부터 새로운 멘토링 프로그램을 도입, 운영하고 있다.

## 2) 업무 OJT와 병행하는 멘토링 프로그램

당사에서 운영 중인 멘토링 프로그램의 특징은 '업무 OJT를 겸한 멘토링'이라는 것이다. 일부에서는 멘토링은 업무와 무관하게 진행되어야 한다는 의견이 있으나 기업 입장에서는 1:1 인간관계를 통한 신입사원의 조기정착과 자연스런 업무 OJT가 가능하게끔 유도하는 것이 가장 합리적인 방법이라 여겨진다. 업무 지휘관계의 특성상 인간관계 형성의 한계점은 분명 존재하게 되지만, 신입사원들이 일을 통해 조직에 정착하는 방법이 그 어떤 조기정착 유도 프로그램보다 질적 우위에 있다는 것은 모두 공감하는 부분이라고 생각한다.

원래 OJT가 '업무 Skill전수'라는 과업지향적 목표에 1:1 관계라는 인간적 유대를 가미한 것이라면, 멘토링은 인간적 교류를 통해 자연스럽게 업무 Skill을 전수하는 것으로 볼 수 있다. 즉 멘토링을 통해 보다 완성된 OJT조직을 운영할 수 있다는 점이다.

당사의 멘토링 제도는 그간 비공식적인 후견인을 지정하여 운영하던 방식을 수면 위로 끌어올려 공식화시킨 점이 기존의 후견인 제도와 다른 점이라 할 수 있겠다.

모든 것이 낯설기만 한 신입사원들에게 누군가가 자신을 지켜 주고 돌봐 주고 있다는 사실은 신입사원들에게는 커다란 힘이 되고 있으며, 실제로 신입사원들의 이직률이 줄어드는 결과를 가져오고 있다.

### 3) 멘토링 프로그램 설계

멘토링 프로그램을 설계할 때에는 기본적으로 다음의 4개 과정 (4Process)을 따른다. 반드시 이 절차대로 진행되어야 하는 건 아니고 업체별로 실정에 맞게 선택할 수 있다.

Process1 - 준비과정 - 활동기간 12개월 운영안 작성 - 사전검토 목
　　　　　표설정 과정설계
Process2 - 도입과정 - 멘토링 도입교육 및 간부 교육, 결연식 - 실행
　　　　　오리엔테이션단계
Process3 - 활동과정 - 12개월 멘토 / 멘제 개인 미팅활동과 계간으로
　　　　　전체 그룹활동프로그램, 보수교육
Process4 - 평가과정 - 정량평가와 정성평가 및 사후관리단계

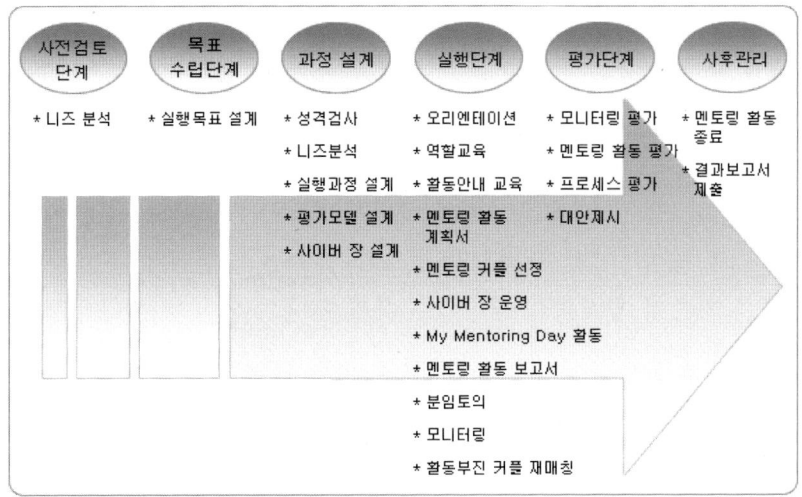

### 4) 멘토의 선정

당사의 멘토는 일정한 자격요건을 필요로 하며 인사부서와 신입사원의 부서장이 검토하여 최종 결정하게 된다. 멘토의 선정기준은

첫째, 인격적으로 신뢰가 가고 대인관계가 원만한 사람이어야 한다. 대인관계가 원만하지 못하거나 적극적이지 못한 사람이 멘토가 될 경우 잘못된 멘토의 의식과 행동을 그대로 답습할 우려가 있으며 또한 멘토의 가정이나 건강에 이상이 있는 경우에는 신입사원(멘제)의 본보기가 되기가 어렵기 때문이다.

둘째, 일정수준의 업무성과를 내는 사람이어야 한다. 이는 멘제에게 업무상 조언이 가능하고 노하우의 전수가 가능해야 하기 때문이다.

셋째, 조직에 대한 로열티 및 자기희생 그리고 솔선수범 의지가 강한 사람이어야 한다. 그래야 멘토와 멘제 모두 멘토링을 통해 자연스럽게 애사심이 고취되고 직무몰입의 자연적인 유도가 가능하기 때문이다.

마지막으로 회사 및 부서의 고유한 조직문화의 전수를 가능하게 하기 위해 1년 미만의 전입자와 징계를 받은 자를 멘토 선정 시 제외시키고 있다. 이렇게 선정된 멘토와 멘제는 경영진과 부서장들이 참석한 가운데 공식적인 결연식을 갖게 된다.

결연식 이후 멘토의 사원증(IC카드)에 'Mentor'라는 스티커를 부착해 줌으로써 주위의 사람들로 하여금 멘토의 존재를 인식할 수 있도록 부각시키고 있다.

### 5) 멘토링 오리엔테이션 내용

멘토와 멘제가 선정되고 나면 멘토링 전문기관을 통해 오리엔테이션을 실시하게 된다. 오리엔테이션은 멘토, 멘제의 개인적 성격유형을 여러 Typology 중 한 가지(Lynchpin Game, DiSC, MBTI, 애니어그램 등)를 이용하여 서로의 장단점 및 유형을 확인한 후 단계별 멘토링 활동의 목표를 정하게 되는데 여기서 서로간의 친밀도를 높이기 위한 기초적인 방법부터 비교적 장기적 목표인 업무적응 및 개인별 성장목표를 공유하여 언제 어떻게 목표들을 달성할 수 있을 것인가에 대한 진지한 논의가 시작된다.

멘토는 멘제에 대한 기본적인 사항들-입사동기, 가치관, 비전, 개인적 관심사-에 대한 정보를 얻게 되고 멘제는 멘토의 육성철학,

직무경험, 지도 스타일 등에 관한 정보를 획득하게 된다. 이렇게 서로 논의한 계획들을 사무국에 제출하고 멘토링의 공식적인 첫걸음을 내딛게 된다. 멘토링 활동이 시작되고 나면 6개월 후에는 멘토 보수교육이 진행된다. 보수교육은 외부 멘토링 전문가의 특강 및 성공 및 실패사례 공유 등으로 구성된다.

### 6) 단체 멘토링 활동으로 적극적 참여 유도

멘토링 활동에서 가장 중요한 것은 지속성이다. 업무상 바쁜 일정 때문에 멘토가 멘제와 충분한 시간을 갖지 못하게 되는 경우가 대부분이며 시간을 갖더라도 아주 짧은 경우가 많다. 그리고 멘토와 멘제가 서로 만나서 무엇을 함께할 것인가에 대한 고민도 발생하게 된다.

이런 점들을 해결하기 위해 멘토링 사무국에서는 주기적으로 단체 멘토링 활동을 실시하고 있다. 원래 멘토링 활동 자체는 지극히 개인적인 것이지만 합동 멘토링을 통해 자신들 외의 다른 커플에 대한 활동 방법론에 대한 벤치마킹과 노하우를 공유하기도 한다.

일종의 멘토링 활동의 독려 차원으로 이해하면 될 것이다. 단체 멘토링 활동의 내용으로는 등반, 운동경기, 스포츠 관람, 문화체험 등을 들 수 있으며 지난 2월에는 경영진과 멘토, 멘제들이 일주일간 릴레이 중식 간담회를 실시하기도 하였다.

### 7) 효과 및 문제점

첫째, 멘토링에서 기대되는 가장 큰 효과는 무엇보다도 신입사원들을 조직에 빨리 적응시키는 데 있다. 멘토링 프로그램을 도입하기 이 전인 2001년과 2002년의 신입사원 이직률은 14.4%였으나 멘토링을 도입한 2003년 신입사원의 이직률은 6.3%로 줄어들었다. 현재 2007년에 진행 중인 5기 멘토링의 경우에는 퇴직률 0%를 유지하고 있다. 물론 실업증가, 취업의 어려움 등 사회 전반적인 요소도 작용을 했겠지만 멘토링이 지대한 역할을 담당했다는 점은 부인할 수 없다.

둘째, 그간의 인재육성 방식이었던 대량 교육체제가 1 : 1 맞춤교육 체제로 변하기 시작했다는 점이다. 개인별 니즈를 반영하는 맨투맨 관리만이 소중한 인재를 놓치지 않는 중요한 방법이라는 것을 회사가 인식하기 시작했다는 것이다.

'멘토링 활동을 통해서나 또한 성장하고 있는 느낌을 받았다.'라는 설문에서 4기(2005년 결연) 멘토의 경우 평균 83.5% 이상의 만족도를 나타냈으며, 특히 중간점검(81.3%) 때보다 멘토링 활동의 종료시점에 실시한 마무리 점검(85.7%) 시보다 더 향상된 만족도가 나왔다는 것은 주목할 만한 점이다.

셋째, 멘토로 선정된 선배사원들을 조직의 차세대 리더로서 리더십 체험을 해 볼 수 있게 했다는 점이다. 신입사원인 멘제뿐만 아니라 멘토들에게도 이직의 확률을 감소시켰으며, 일선 조직관리 방식에 긍정적인 모델을 제시한 사례라 할 수 있다. 뿐만 아니라 멘토링이 쌍방향 커뮤니케이션을 전제로 멘토가 멘제에게 일방적으로 정보를 제공하고 스킬을 전수하는 것이 아니라, 멘토 스스로도 멘제를 통해서 신세대들의 감성과 트렌드를 파악할 수 있게 되었으며, 자신의 직장생활의 활력을 찾게 되었다. 이는 멘토들을 대상으로 한 설문에서도 잘 나타나고 있다.

이는 멘토들을 대상으로 한 설문에서도 확인할 수 있는데 전체 멘토의 70% 이상이 현재의 멘토링에 대해 긍정적인 자세를 취하고 있으며 부서장들 역시 멘토의 66% 이상이 업무상 높은 성과를 냈다고 답변하였다.

넷째, 멘토링 프로그램은 조직활성화에 긍정적이라는 점이다. 기업 조직은 새로운 사람들이 수급됨으로써 새로운 성장엔진을 장착하듯이 선순환의 흐름으로 사업에 대응해야 한다. 하지만 수급되는 사람이 없고, 수급된 사람마저 중도에 없어져 버린다면 이에 조직은 고인 물이 되고 결국에는 썩은 물로 전락해 버리고 만다. 신입사원이 회사를 떠나지 않고 정착하면서 조직은 청량제를 얻게 되고, 이는 조직의 활성화에 많은 기여를 하고 있다.

**반면 당사의 멘토링에 대한 문제점으로는**

첫째, 급격히 증가하는 멘제들에 비해 멘토의 숫자가 부족하다는 점이다. 멘토 풀(pool)이 제대로 구축되지 않은 상황에서 성급하게 멘토와 멘제를 결연시키다 보니 극소수의 커플들이 일종의 의무감에 휩싸여 멘토링 활동의 본질을 왜곡하여 소기의 목적을 달성하는 데 어려움을 겪곤 하였다. 이 점은 멘토, 멘제의 결연방식에 대한 개선 여지를 충분히 갖게 하는 점이다.

둘째, 멘토링 대상자들과 멘토링 사무국의 꾸준한 관심과 정성이다. '인재의 유지'가 인사의 업(業)이기 때문에 멘토와 멘제를 대할 때는 나의 고객으로 섬김의 마음을 지니고 다가가야 하는 것은 당연하지만 시행 초기에는 제도의 정착에만 신경을 쓴 결과 대상자들에 대한 관심이 줄어들 수밖에 없었던 상황이 전개되었고, 이는 성공적인 멘토링 활동의 저해요인으로 작용하였다.

셋째, 부서 내에서 멘토링 활동이 자칫 다른 사람들과의 관계에서 위화감과 알력으로 작용할 수 있다는 점이다. 이것은 현실적으로 피하기 어려운 점이지만 멘토로 지정되지 않은 다른 사람들에게 차기 활동 시 멘토로 지원할 수 있는 여건을 조성해 줌으로써 해결할 수 있다고 생각된다.

넷째, 멘토링 활동이 일회성으로 끝나지 않고 지속될 수 있도록 정기적인 멘토링 행사를 확대 추진하고 사무국의 모니터링 방법을 다양화시켜야 한다. 멘토링 활동이 지속적으로 이루어질 수 있도록 정기적인 멘토링 소식지 「Mentoring Magazine」을 발간하여 서로의 활동을 공유하고 부서장의 관심을 유발시켰으며, 다양한 합동 멘토링 행사(자원봉사, 등산, 스포츠경기 관람 등)를 확대, 추진하고 사무국의 모니터링 방법을 설문조사, 임원 간담회 등으로 다양화하였다.

### 8) 우수사례에 대한 지속적인 홍보 필요

멘토, 멘제와 더불어 멘토링에서의 또 하나의 중요한 역할은 해당 부서장들이다. 부서장이 멘토링에 대한 이해가 부족하면 해당 커플은 멘토링 활동에 어려움을 겪게 된다. 이에 당사는 멘토링 도입 시에 부서장의 멘토링에 대한 올바른 개념과 부서장으로서의 역할 등에 대해 사전 교육을 시행함으로써 멘토링 활동에 대한 공감대를 형성시켰으며, 사무국에서는 주기적으로 커플별 활동에 대한 피드백을 해 주어 부서장의 관심을 지속시키고 격려를 가능케 하였다.

또한 사내 인트라넷으로 멘토링 홈페이지를 구축하여 각종 정보를 제공하고 서로의 활동을 공유할 수 있도록 하였으며, 사내 기획방송을 통해 전 사원에게 멘토링 활동을 홍보하기도 하였다. 작년 연말에는 멘토, 멘제의 멘토링 활동사진을 모아 기념 캘린더를 제작하여 배포하기도 하였다.

이런 모든 홍보활동은 개인적, 비공식적 활동이라는 멘토링의 약점을 극복할 수 있는 좋은 방법이며 주위의 관심을 지속시킬 수 있는 대안이기도 하다. 주위의 관심이 사라지게 되면 자연스레 멘토링 활동이 위축될 수 있는 가능성이 높기 때문이다. 경영진을 포함하여 전 사원에게 멘토링 활동의 우수사례를 다양한 매체를 활용하여 꾸준히 홍보하는 것이 멘토링 사후관리의 핵심이라 할 수 있다.

### 9) 성공적인 멘토링을 위한 방안

성공적인 멘토링 도입을 위한 방안으로는

첫째, 멘토링에 대한 충분한 사전 검토와 준비가 필요하다. 조직 내에 도입하려는 멘토링의 목적이 신입사원들의 분위기 적응을 위한 것인지 핵심인재의 육성에 관한 것인지 명확히 정립해야 한다.

또한 멘토의 자질을 갖춘 사람이 조직 내에 얼마큼 있는지, 새로운 멘토 pool의 구축이 용이한지에 대한 검토도 필요하다고 본다.

멘토링을 도입한 후 멘토가 없거나 부족하다면 멘제들의 적응과 성장에 어려움이 발생할 수 있다.

둘째, 멘토링에 대한 명확한 이해가 전제되어야 한다. 멘토와 멘제뿐만 아니라 부서장, 경영진에게 이들의 존재를 알리고 활동내용에 대한 피드백을 지속시켜야 한다. 또한 멘토는 지시자가 아닌 파트너로서의 자세를 견지할 필요가 있다. 일방적인 지시보다는 멘제가 갖고 있는 문제의 현상을 제대로 알려줘야 하며 멘제 스스로 주인의식을 갖고 생활하도록 유도하여야 한다.

셋째, 정기적인 멘토링 효과분석과 성과에 대한 적절한 인정과 보상이 필요하다. 멘토링 활동 과정이나 결과에 대한 엄격한 평가가 주기적으로 진행되어야 하며 그 결과에 따라 금전적, 비금전적 보상도 함께 동반되게 된다면 그 효과가 배가될 것이다.

당사에서는 멘토링 제도가 조직활성화 및 생산성 향상, 일선 조직관리에 긍정적이라는 판단 아래 사업장 고유문화로 정착시키기 위해 온 힘을 기울이고 있으며, 향후 신입사원뿐만 아니라 경력사원에게도 확대 적용할 계획이다.

## 5. GE 멘토링

### 1) GE는 어떤 회사인가?

2001년 9월 GE 前 잭 웰치 회장은 천 3백억 불의 미국의 최고기업으로 이끌었던 CEO 자리에서 물러났다.

그가 CEO 자리를 맡았던 1981년 시절, GE는 25억 불의 회사였다. 같은 기간 동안 자본시장도 13억 불에서 4천억 불로 성장하였다. 웰치 회장 시절의 GE는 셀 수 없을 정도의 많은 합병과 인수 등 사업을 늘리고 경영리더의 역량을 키워 나가는 일에 혼신을 다했다.

어떤 경우에서든, 성공적인 비즈니스는 임직원들에게는 희망이자 꿈을 실어 준다. 따라서 조직의 리더들은 매혹의 대상이 되곤 한다. 하지만 잭 웰치처럼 언론의 조명을 받은 리더는 드물다. 물론 잭 웰치의 골프친구들인 빌게이츠와 워렌 버펫도 많은 언론의 관심 대상이었지만 그들은 잭 웰치처럼 타고난 경영자는 아니다. 빌게이츠는 기술자이며 사업가이고 워렌 버펫은 주식 등 증권 투자가이다.

하지만 잭 웰치는 미국 경영의 최고의 경쟁력과 결과에 집착을 하며 사업을 번창시키는 것에 피곤을 느끼지 못하는 그렇기 때문에 남들의 두려운 대상이 되기도 하는 세계적으로 유명세를 타고 있는 경영자이다.

현재 전 세계의 서점에는 잭 웰치에 관한 도서들로 북새통을 치르고 있을 정도로 그는 리더십, 경영방식, 6시그마 그리고 자서전에 이르기까지 많은 메시지를 남겼다. 미국의 Financial Time이라는 신문사에서는 그를 세계에서 가장 존경받는 인물로 4년 연속 커버스토리로 싣고 있다.

## 2) GE 멘토링 현장 사례 네 가지

### 사례 1 - 우수인재 양성 멘토링

북미지역에서 멘토링은 20여 년 전부터 체계 있는 프로그램으로 서서히 채택되면서 오늘날은 기업, 학교, 교회, 군대, 공공기관 등 모든 조직에서 일상적인 일로 받아들여지고 있다. 최근에 국내에서 베스트셀러가 되고 있는 GE의 전 CEO 잭 웰치의 자서전에서도 그의 인사관리기법으로 멘토링이 활용되고 있는데 그 내용을 저자가 요약해서 소개하고자 한다.

GE의 CEO였던 잭 웰치(Jack Welch)는 **"최고의 인재를 뽑을 수 있고, 최고의 인재로 키울 수 있다면 기업은 성공할 것이다."**라고 인재중시의 경영을 외치면서 업무의 70% 이상을 인사관리에 집중해 왔다. 그는 특별한 인사관리기법으로 개발한 활력곡선(Vitality Curve)을 이용하여 A급 사원으로 20%, B급 사원으로 70%, C급 사원으로 10%를 선정하여 A급 사원은 파격적인 대우를, B급 사원은 보통으로 대우를, C급 사원은 퇴출대상으로 몰아붙였다.

특히 그는 멘토링(Mentoring)프로그램을 B급 사원을 A급 사원으로 승급시키는 데 적용하였고 A급이나 B급 사원을 진급시키는 데도 필수적으로 적용시켰다. 아래 글은 그의 자서전에서 일부 발췌한 내용이다.

[잭 웰치의 멘토링 - 자서전에서 발췌]

지난 몇 년 동안 우리는 같이 점심 식사를 하면서 엄청난 잠재력을 가진 직원들을 많이 만나게 되었다. 그들은 최고 경영진으로부터 각자 한 사람씩 멘토(Mentor)를 배정받았다. 나는 이러한 멘토링(Mentoring)

프로그램이 실질적인 혜택과는 전혀 무관한 것임을 강조해 왔다.

인재개발 방법에 관해 논의하던 중에 제품을 개발할 때 사용하는 것과 똑같은 방법을 적용하기로 결론을 내렸다. 이 경우 엄청난 잠재력을 가진 멘제(Mengrer)들은 제품에 해당했다. 그들의 지도자들인 최고 경영진의 스태프들은 이러한 제품을 개발하는 책임을 지고 있었다. 그것은 그들의 지도대상자들을 A등급 수준으로 끌어올리든지 아니면 새로운 멘제(Menger)를 찾아야 한다는 것을 의미했다.

점심을 먹으며 이러한 멘토링(Mentoring)프로그램의 진행 과정에 대해서 자발적인 토의를 했다. 멘토(Mentor)와 멘제(Menger) 모두 엄격한 게임의 법칙을 지켜야 했다. 성과를 최우선으로 하는 GE의 문화에서는 각자가 더 높은 수준의 결과물을 도출해야 하며, 그에 의해 자신의 평가를 받을 것이라는 사실을 멘토(Mentor)와 멘제(Menger)들 양쪽 모두 잘 알고 있었다.

상급자는 그를 통해 자신의 리더십을 평가받았던 것이다. 이 멘토링(Mentoring)프로그램은 제대로 효과를 나타냈다. 1999년 진급자 중 80% 이상이 멘토의 도움을 받은 것이다.

### 사례 2 - 임원개발 역멘토링(Reverse Mentoring)

1999년 Jack Welch 회장이 최고위간부 600명이 도움받는 멘제(연령: 30~60대)가 되고 젊은 부하직원(연령: 20~30대)이 도움 주는 멘토가 되어 인터넷, 전자상거래 등에 관하여 멘토링을 실시했다. 64세의 Welch 회장도 37세의 Pam Wickham 부장(G.E.의 프라스틱 사업부서에서 웹사이트 담당)을 멘토로 하여 인터넷에 관하여 배웠다.

### 사례 3 - 후계자 핵심인재개발 멘토링

GE: 현명한 조언자 멘토 CEO 잭 웰치 - 후계자 CEO 제프리 이멜트

잭 웰치 CEO와 후임자 CEO 제프리 이멜트와의 관계에서 우리는 후계자 멘토링을 주의 깊게 살피지 않으면 잃는 것이 너무 많다는 것을 알 수 있다. 위의 전임 CEO(현명한 조언자 멘토 역할)와 후임 CEO 사이에 오래전부터 공식, 비공식적으로 끈끈한 멘토링관계가 지속되어 왔음을 기록을 통해 알 수 있다. 끈끈한 멘토링 관계란 단순한 업무(Task)에만 국한된 것이 아니고 인간관계, 리더십, 의사소통, 경험담 등 삶 전체로 두 사람의 관계가 1년 넘게 1 : 1로 멘토링이 이루어졌다는 것을 알 수 있다. 그러니까 성공 확률이 높은 것입니다.

### 사례 4 - 임원개발 멘토링 사례

샤린 베글리(40세) 현 플라스틱 부문 CEO (06. 4 / 6일 한국방문)

- GE 최고 여성 임원 장차 그룹 회장 물망 39세에 CEO

- 단기간 내 여러 업종에 멘토링을 하면서 "임원 멘토링을 통하여 혹독한 수련 기간을 거쳐 20년 배울 것을 6년에 끝냈죠." 그녀는 토요일과 일요일은 가정에 매달리고 "일할 때는 300% 매달리고 특히 일을 하면서 배우는 것에 만족한다."

### 3) GE 멘토링 현장

- 이채욱 기자: 서울경제신문 2003. 07. 06

GE 의료기기 아시아 태평양 사장으로 재직할 때 도쿄에 근무하는 직원의 '멘토'를 맡았었다. 그 일본인 사원은 각종 프리젠테이션 준비는 물론, 경력관리나 자기 상사와 의논할 수없는 다른 회사의 스

카우트 제의와 개인적인 고민까지도 내 의견을 묻곤 했다. 지금은 물류담당 중견 매니저로 일하고 있는데 장차 훌륭한 간부로 크게 성장할 재목임에 틀림없다.

멘토는 그리스의 선지자 멘토르(오디세우스가 자기 아들이 지혜롭고 현명한 왕자가 되도록 교육을 부탁했던 인물)에서 유래된 것으로 지혜와 신뢰, 존경으로 한 사람의 인생을 이끌어 주는 지도자라는 의미를 갖는다.

GE의 멘토링 제도(Mentoring System)도 업무 연관성이 없는 선후배끼리 일대일 관계를 맺고 후배가 차세대 리더가 되도록 선배가 앞장서 도와주는 활동이다. 멘토는 멘제의 성장 발전, 경력개발 계획 등에 대한 지원이나 조언을 해 주고, 멘제는 비즈니스에 대한 이해, 문화나 조직의 운용 등에 대해 배울 수 있다.

멘토링 제도는 멘토와 멘제 모두에게 도움이 될 뿐만 아니라 우수 인력의 양성·유지 등 회사에도 큰 도움이 될 수 있다. 그러나 이 제도가 성공적으로 정착되려면 몇 가지 요건이 필요하다.

첫째, 멘토와 멘제 모두의 적극적인 태도, 상호간 신뢰와 존경, 서로에 대한 철저한 비밀유지가 이뤄져야 한다. 둘째, 상호간 합의에 의해 기대치와 책임감 등을 잘 관리해야 한다. 셋째, 멘토, 멘제 관계가 끝났을 때 서로 어떤 비방도 하지 말아야 한다.

쉬운 일이 아니지만 내 경우 멘토 역할의 장점은 상상 이상이었다. 첫째는 젊은 세대의 진솔한 이야기를 들으면서 생각을 공유할 수 있는 기회가 됐다. 둘째로 질문에 대한 답변을 하는 동안 많은 생각을 할 수 있었다. 업무상 관계에서 벗어나 있는 새 분야에 대한 정신적인 자극을 꾸준히 받을 수 있는 계기가 됐던 것이다. 셋째로 상호 토론하면서 새로운 방법을 발견했을 뿐만 아니라 내가 이해하지 못하던 부분도 알 수 있었다.

GE 코리아에서는 최근 여직원을 위한 멘토링 제도를 도입했다. 멘토링 제도는 상호 솔직한 대화로 건강한 조직을 구성하고 조직 내 젊은 세대와 기성세대와의 간극을 좁혀 줄 수 있다. 어디서든 한 번쯤 과감하게 도입해 보면 좋을 성 싶다.

# 3절. 성경 멘토링 이야기

하나님은 인류(Human)가 아닌 한 사람(One Person)을 창조했다. 인간은 유일무이한 존재인 동시에 저마다의 개성(Character)을 지닌 독립적인 존재들이다. 누구도 다른 사람과 똑같을 수는 없다. 나름의 방법대로 생각하고, 나름대로의 방식대로 다른 사람과 관계를 맺는다. 따라서 개인(Individual)이란 세상에는 둘도 없는 고유한 특성의 결합체인 셈이다.

그러므로 인간은 누구나 특별한 존재로 존중받고 싶어 한다. 아니 사랑받고 싶어 한다. 그가 무엇을 하고 어떻게 하든 그만의 방식 그대로 존중받고 사랑받기를 원한다. 때문에 인간은 분석이나 생산의 수단이 아닌 인간경영의 본질로 이해해야 한다.

성경상의 멘토링은 아담과 하와로부터 시작한다. 하나님이 아담에게 하와를 돕는 배필로 준 것에 귀를 기울어야 한다. 기대하는 배필, 군림하는 배필이 아니다. 멘토링에서 멘토와 멘제가 수평관계를 이루듯이 아담과 하와는 대등한 관계에서 성경상의 멘토링의 효시라고 볼 수 있다.

멘토링이 체계를 이룬 것은 모세시대라고 볼 수 있다. 모세 개인이 어머니 요게벳, 바로공주, 이드로, 형인 아론 등을 멘토로 하여 이스라엘의 지도자로 성장했고 말년에는 여호수아의 멘토로 후계자를 세웠다.

여기에서 성경에는 기록이 없지만 천주교의 멘토링제도인 대부의 원형이라 볼 수 있는 잔닥(Zantak)제도다. 할례받을 때 어린아이를 꼭 안아 주고 앞으로 사회생활과 신앙생활의 멘토 역할을 해 냈다.

신약에서 멘토링은 예수님의 소수 제자화로 리더개발 방법과 바나바와 바울의 멘토링이 모범적인 사례로 들 수 있다.

## 1. 아담과 하와 멘토링

하나님의 형상대로 창조하신(창1:27) 아담에게 돕는 배필까지 주셨다. 자연과 짐승들이 이미 창조되었지만 이것들이 아담의 돕는 배필로는 될 수 없었다. 아담을 깊이 잠들게 하여, 그 갈빗대 하나를 취해 내 여자를 만들어 아담에게 주셨다(창2:18~22). 아담은 이때 기뻐하여 "이는 내 뼈 중에 뼈요 살 중에 살이라 이것을 남자에게 취하였은즉 여자라 칭하리라(창2:23)." 하였다. 그리하여 인격적인 남녀가 결합하여 한 몸이 되었다. 그 후 아담 부부는 에덴동산에서 생활하게 되어 그 동산을 경작하며, 지키는 직분이 주어졌다.

## 2. 모세의 종합 멘토링

구약 성경에 나타난 대표적인 사례로 모세의 삶 속에서 놀랍게도 이스라엘 지도자로 탄생하는 이면에 멘토들이 깊숙이 자리잡고 있음을 볼 수 있다. 모세의 종합 멘토링은 오늘날 멘토링의 성경적 모델로 그 가치를 높게 평가해도 전혀 손색이 없다. 우선 아래와 같이 유년시절, 소년시절, 청년시절, 장년시절 모세를 도운 네 사람 멘토와 노년시절에는 반대로 모세가 여호수아 멘토로서 역할을 소개해 보기로 하자.

### 성경말씀: 출8:25:27 재(才) 덕(德)이 겸전한 평신도 멘토 선발

멘토링은 뿌리 깊은 기원을 가지고 있다. 인류가 시작될 때부터 멘토링이 시작되었다고 해도 과언이 아닐 것이다. 인류의 기원과 영적 역사를 다루고 있는 성경에서는 멘토링 관계가 어떻게 나타나고 있는가? 특별히 모세의 생애에서 다섯 가지 최선의 멘토링을 종합모델로 하여 현상을 살펴보자. 이스라엘 지도자로서 탁월한 모세의 리더십은 그 배후에 멘토링이 깊숙이 자리잡고 있음을 엿볼 수 있다.

### 1) 유년 시절(멘토 어머니 요게벳) - 하늘나라법으로 모세를 살렸다

첫째는 유아 시절에 어머니 요게벳과의 멘토링을 들 수 있다(출 2:1 - 10 히11:23). 요게벳은 당대 애굽의 법률을 어기면서 어린 모세를 3개월 동안이나 몰래 길렀고 갈대상자에 넣어 나일 강에다 띄우면서도 소망을 잃지 않고 미리암을 보내 망을 볼 수 있도록 지혜롭게 행동했음을 볼 수 있다. 어린 모세를 품에 안고 있는 요게벳의

무언의 모성애는 부모와 자녀관계 속에서 1 : 1 멘토링 관계가 지속되었음을 알 수 있다.

### 2) 소년 시절(멘토 바로공주) – 모세가 세상의 학문을 통달하도록 했다

둘째는 청소년 시절에 바로공주와의 멘토링 관계이다(출2:10 행7:22).

나일 강에서 갈대상자에 띄운 아기 모세를 발견한 바로공주는 참으로 큰 용단을 내린 것을 볼 수 있다. 히브리 아이임에도 양자로 삼아 바로 궁궐에서 왕자교육을 제대로 시킴으로 "모세는 애굽사람의 학술을 다 배워 그 말과 행사가 능하더라(행7:22)."라는 말씀에서 기적적으로 바로 공주와 40여 년간의 멘토링 관계를 읽을 수가 있다.

### 3) 청년시절(멘토 장인 이드로) – 모세가 평신도지도자를
### 개발하도록 했다

셋째는 장성한 모세가 이스라엘의 지도자 역할을 수행할 때 이드로와의 멘토링 관계이다(출2:11, 18:2 – 6, 18:13 – 27).

출애굽기 18장에서 모세는 국정의 중대사인 재판을 혼자 담당하여 많은 시간과 힘을 쏟고 있었다. 그 일이 모세에게 너무나 힘들어 앞으로 문제가 될 것으로 판단한 모세의 장인 이드로는 한 가지 제안을 했다. 즉 모든 재판을 혼자 다 담당하지 말고 온 백성 가운데서 재덕이 겸전한 자들로 천부장과 백부장과 오십부장과 십부장을 삼아 웬만한 재판들은 스스로 하도록 위임함으로 모세의 큰 짐을 덜어 주었다.

이드로는 모세의 상황을 듣고 시기적절한 충고를 줌으로써 상담자로서의 멘토 역할(멘토는 그 강도와 정도의 크기에 따라 제자 훈련자, 영적지도자, 코치, 상담자, 교사, 후원자, 현세적 모델, 역사적 모델로서의 멘토 등 여덟 가지로 나눌 수 있다)을 잘 수행하였다.

모세 장인의 영성과 모세의 영성을 한 번 비교해 보는 시간을 갖도록 하겠다. 모세는 하나님을 대면하여 안 자이자 하나님의 말씀을 직접 전달하는 지도자였다. 오히려 모세는 멘토인 그의 장인으로부터 조언을 받고 있는 멘제의 실정이었다.

모든 지도자가 이러한 부분을 인정하는 용기를 가져야 한다. 아무리 훌륭한 지도자라도 편견을 가질 수 있으며, 다른 사람을 통해 하나님의 뜻을 전달받을 수 있음을 인정해야 한다.

모세에게 세 가지 문제점이 발생하자 이드로는 평신도 중에서 자격을 갖춘 사역자(10부장, 50, 100, 1000)를 임명하여 일을 분담시키라고 건의하게 된다. 평신도 사역자는 바로 이런 '이드로의 사역분담 법칙'에 근거를 두고 있다.

목회자가 평신도와 일을 나눠 함으로써 하나님이 교회에 맡겨 주신 사명을 효과적으로 수행하는 개념인 것이다. 한마디로 정리하면 자격 있는 평신도 멘토들에게 분권적 위임(Delegation)을 함으로써 목회 사역의 효과성을 높이는 제도이다.

멘토링의 장점은 두 사람이 만나서 서로의 장점을 개발하여 시너지 효과를 창출해 내는 것이다. 교회에서도 한 사람 한 사람의 장점을 개발하는 것이 목회자의 덕목이다. 그렇지 않고 오로지 목회자 본인 외에는 교인들을 믿지 못하고 혼자 일방적으로 일을 처리하는 것은 그만큼 본인도 고달프고 주위 사람들도 안타깝게 하는 것이 된다. 사람은 장점과 단점을 동시에 갖고 있기 때문에 현명한 목회자일수록 교인들의 장점과 능력을 살펴 적절하게 목회사역을 위임(Delegation)하는 것이 애교심을 길러 주고 목회자가 존경받는 지름길이다.

### 4) 장년시절(멘토 형님 아론) - 모세의 부족한 부문을 보완해 주었다

넷째는 멘토인 아론과의 멘토링 관계이다(출4:10.14.28).

아론은 이스라엘 최초의 제사장이며 모세의 3세 연장 형이었다. 입이 둔한 모세를 도와 대언하고(출4:10) 지팡이로서 모세의 명을 따라 바로 앞에서 이적을 행하였다(출7:19).

### 5) 노년시절(멘토 모세) - 후계자 여호수아에게 자기 전이(傳移)를 했다

다섯째는 모세 노년에 후계자 여호수아와 멘토링 관계이다(출17:8 - 16, 신34:9). 모세와 여호수아는 멘토링의 좋은 모델이다. 하나님께서는 이스라엘의 차기 지도자를 위해 모세를 멘토로 삼아 여호수아를 오랫동안 준비시키셨다. 모세는 여호수아를 회막, 지성소, 시내산 등으로 데리고 갔고(출24:9 - 18, 33:7 - 11), 하나님의 말씀을 직접 가르치고 전했으며(출17:14, 수 1:18), 때때로 개인적으로 지도하였다(민11:28 - 30). 또한 여호수아는 지도자로서의 모세를 사역의 모델로 삼아 그의 행동 하나하나를 눈여겨보면서 배웠다(출32:15 - 35). 그 결과 여호수아와 모세는 유사점이 많았다. 이러한 유사점은 여호수아에게 끼친 모세의 멘토링의 영향이다.

# 3. 예수님 멘토링 다섯 가지 이야기

◈ 아름다운 동행 예수님

　　바다도 푸르고 하늘도 푸른 맑은 날에, 주님과 성도는 해변에 두 발자국을 남기면서 거닐었다네. 얼마 후 폭풍과 비바람이 몰아치는 시련의 시기가 찾아왔다네. 성도는 있는 힘을 다해 그 시련기를 겨우 통과하게 되었다네. 그리고 뒤를 돌아보니, 그 시기엔 하나의 발자국만 있음을 보았다네. 성도는 주님께 말했다네. "주님! 그 어려운 시기에 어디로 가 버렸습니까? 저를 버리셨습니까?" 주님이 대답했다네. "그건 내 발자국이란다. 그때 내가 널 업고 걸었지."

### 성경말씀: 마18:12 - 15 한 사람을 소중히 여기시는 예수님

　　너희 생각에는 어떻겠느뇨? 만일 어떤 사람이 양 일백 마리가 있는데 그중에 하나가 길을 잃었으면 그 아흔아홉 마리를 산에 두고 가서 길 잃은 양을 찾지 않겠느냐? 진실로 너희에게 이르노니 만일 찾으면 길을 잃지 아니한 아흔아홉 마리보다 이것을 더 기뻐하리라. 이와 같이 이소자 중에 하나라도 잃어지는 것은 하늘에 계신 너희 아버지의 뜻이 아니니라.

### 멘토링 1) 베드로가 신앙고백을 할 수 있도록 했다(마16:13 - 20)

　　베드로는 안드레와 형제이고 아버지는 요한이었다(마16:17). 그가 예수님의 제자로 쓰이게 된 것은 갈릴리 호수에서 예수님의 부르심에 의해서였다.

(막1:16 - 17) 그는 예수께서 "내가 너희로 사람을 낚는 어부가 되게 하리라."(막1:17)라는 말씀 따라 곧 제자로 되었다. 그리고 그는 12제자의 대표자로서 또는 대변자와도 같이 언동했다.

특히 가이사랴 빌립보 도상에서, 예수께서 제자들에게 "너희는 나를 누구라 하느냐?"라고 물으실 때, 이때도 베드로는 다른 제자들을 대표하면서 누구보다도 먼저 예수님에 대한 신앙고백을 했다. "주는 그리스도요 살아계신 하나님의 아들이시니이다."라고(마16:18). 이에 대해 예수께서는 "바요나 시몬아 네가 복이 있도다. 이를 네게 알게 한 이는 혈육이 아니고 하늘에 계신 내 아버지니라……. 이는 베드로와 내가 이 반석 위에 내 교회를 세우리니 음부의 권세가 이기지 못하리라. 내가 천국 열쇠를 네게 주리니 네가 땅에서 무엇이든지 매면 하늘에서도 매일 것이요 네가 땅에서 무엇이든지 풀면 하늘에서도 풀리라."라는 말씀의 칭찬을 받았다. 소수를 핵심 제자화하여 복음으로 세계를 정복하시려는 예수님의 계획은 2000년이 지난 오늘의 현실이 그대로 성공했음을 알 수 있다.

### 멘토링 2) 마리아가 감동적인 삶의 가치관을 갖도록 했다(요12:1 - 8)

성경 요12:1 - 8에서 예수님을 만난 한 여인이 보여준 특별한 감동을 기록하고 있다. 우리에게 잘 알려진 이 성경은 예수님의 평가에 대한 좋은 사례로 알려져 있다. 마리아는 왜 300데나리온이라는 큰 금액의 향유를 부었을까? 그것은 사랑 때문이었다. 마리아와 그 가족을 먼저 사랑해 주신 예수님에 대한 사랑의 표현으로 마리아는 자신이 가장 귀하게 여기는 것을 아낌없이 부어 드렸던 것이다. 예수님의 먼저 사랑처럼 멘토가 멘제의 마음을 얻을 수 있는 것은 먼저 사랑이 전제가 되어야 한다.

### 멘토링 3) 수가성 여인에게 삶의 변화를 주시었다(요4:7 - 39)

사마리아의 세겜땅 수가성에 있었던 우물은 놀라운 만남이 있었던 곳이다. 이 우물은 야곱의 우물이었다. 여기에 삶에 지친 한 여인이 예수님을 만났다. 예수님을 만남으로 말미암아 이 여인에게 일어난 놀라운 변화를 생각해 볼 수 있다.

그녀는 부도덕하고 고독한 삶에서 신앙이 바뀌었고 영혼이 새로워지는 회복을 얻게 되었다. 그는 예수님과 만남을 통해서 예수님이 메시야임을 알게 되었다. 그리고 물동이를 내버리고 자신이 그렇게도 피하던 마을과 사람들에게로 가서 예수님을 전하게 되었다. 누가, 무엇이 이렇게 여인을 변화시킬 수 있었을까? 바로 예수님과의 만남, 즉 한 사람을 소중히 여기시는 예수님의 멘토십 때문이었다.

### 멘토링 4) 삭개오가 180도로 회심할 수 있도록 했다(눅19:1 - 10)

인간은 일생 동안 많은 종류의 만남을 가진다. 그러나 성경은 우리가 일생 동안 꼭 만나야 하는 중요한 만남을 소개한다. 바로 그리스도와의 만남이다. 눅19:1 - 10에서는 삭개오가 예수님을 만나는 극적인 장면이 연출된다. 세리장인 삭개오는 불의한 방법으로 동족의 재산을 착취하여 재물을 축적한 부자였다. 따라서 그는 외면당하는 삶을 살았고 어떤 사람도 그를 가까이하지 않았다. 그는 인간적으로 고독했고, 마음속에 기쁨이 없었다. 이것이 바로 예수님을 만나기 전의 삭개오의 모습이다. 그러던 그가 예수님을 만난 후 180도 변했다. 철저한 회개와 믿음으로 자신과 가정이 구원을 받게 되었다. 돈을 모으기에 수단과 방법을 가리지 않던 사람이 가난한 사람에게 돈을 나누어 주었다. 재물에 관한 가치관이 달라졌다. 남에게 훔친 돈은 4배로 갚겠다고 말한다. 과거의 잘못을 철저히 청산하고자 한 것이다. 돈의 노예였던 그가 돈의 쇠사슬에서 해방되었다. 무엇이 삭개오를 이렇게 새사람으로 만들었을까? 예수님과의 만남이었다.

### 멘토링 5) 나다나엘의 성별한 삶을 칭찬하셨다(요1:43 – 51)

나다나엘은 예수님을 처음 만났지만 예수님으로부터 참이스라엘인이라는 평가를 받았다. 참이스라엘은 참신자, 즉 성별을 의미한다. 나다나엘을 예수님께로 이끈 사람은 빌립이다. 예수님은 그가 간사함이 없음을 아셨다. 또 그는 참이스라엘인이었다. 당시 지도자들이 권모와 술수와 온갖 불의와 탐욕으로 가득 찼으나 그만은 예수님이 보기에 진실한 신앙인으로 거짓 없는 삶을 살고 있었다. 예수님의 멘토십은 하나님 앞에서 참신자답게 살아가는 성도들을 구별하신다.

### 4. 바나바와 바울 이야기

바나바와 바울은 신약성경에 나타난 멘토링의 모델 가운데 뛰어난 모델 중 하나이다. 바나바는 바울을 지원했고 유대 그리스도인들에게 성공적으로 연결시켜 주었다. 뿐만 아니라 바나바는 바울을 이방 기독교의 중심에 서도록 길을 만들어 준 멘토였다.

바나바는 바울이 예루살렘교회의 사도들에게 의심받고 있을 때 바울의 멘토로서 사도들로 하여금 그를 안심하고 받아들이도록 연결시키는 고리 역할을 훌륭히 수행했다(행9:23 – 24). 바나바는 이곳에서

1년 이상 바울이 배우고 성장하도록 여러 기회들을 제공해 주었으며 다시 그를 안디옥으로 불러 그곳에서 말씀사역을 함께 담당했다. 그의 멘토링은 여기에서 끝나지 않는다.

안디옥교회가 바나바를 선교사로 이방세계에 파송할 때 바나바는 바울과 함께 간다. **이렇게 바나바는 바울에게 있어 목회의 멘토, 설교의 멘토, 선교사역의 멘토가 되었다.** 그 이후로 이방선교의 중심은 바나바에서 바울에게로 넘어가게 된다.

바나바의 멘토링으로 바울은 그 후에 브리스길라와 아굴라, 디도, 디모데, 아볼로 등을 멘토링함으로써 그의 선교사역은 그레데, 아시아의 여러 교회들(행18:27-28)과 계시록에 나오는 일곱 교회들(계2-3장)과 고린도교회(행18:1-2), 로마교회(롬16:3-5) 등 세계교회로 뻗어 나가게 되었다.

# Chapter 4

## 트리오그룹
## 성공전략

구슬이 서 말이라도 꿰어야 보배라는 말이 있다. 오늘날 인재개발의 화두가 멘토링이라고 하지만 성공까지 이르기에는 더 많은 노력이 필요할 것 같다.

조직 내 관리자그룹, 멘토그룹, 경영자그룹 등 세 그룹이 트리오(Trio)가 되어 세 가지 악기로 아름다운 화음을 이뤄 내듯이 멘토링에 관한 공동 관심을 갖고 각기 맡은 역할을 제대로 실행한다면 성공의 지름길이 될 것이다.

멘토링 트리오(Trio) 그룹별로 명확히 먼저 구성인원을 배정하고 그룹별로 멘토/멘제의 현장 활동 지원 역할을 분명히 제시하여 공동 관심사를 책임 있게 추진할 수 있도록 했다.

아울러 성공전략을 구체화하여 각 그룹별로 먼저 자기 그룹에서 실행하여야 할 프로그램을 제시하였고 그리고 그룹별로 어떤 교육과정을 수강해야 할지와 추천도서를 소개하였다.


그룹 1 - 멘토그룹 성공전략 개요
　1) 구성인원 - 멘토, 멘제, 모니터
　2) 현장역할 - 멘토링 현장 활동 및 관찰

3) 프로그램 실행-멘토링 6Step 활동전략

4) 교육과정 안내-멘토링 현장교육(Workshop) 수강안내

5) 추천도서

　-Mentoring Skill(총서 2권)

　-Mentoring Handbook 130p


그룹 2-관리자그룹 성공전략 개요

1) 구성인원-멘토링 전문관리자, 추진팀, 위원장. 기타 멘토링 관심 있는 임직원

2) 현장역할-멘토링 프로그램 관리 및 시스템운영

3) 프로그램 관리-멘토링 시스템 운영전략

4) 교육과정 안내-멘토링 전문교육 수강안내

5) 추천도서

　-Mentoring Tool, Manual (총서 5권, 9권)

　-Mentoring 운영 매뉴얼 130p


그룹 3-경영자그룹 성공전략 개요

1) 구성인원-간부급, 임원, CE

2) 현장역할-물심양면 지원으로 동기부여

3) 프로그램 제공-멘토링 동기부여 경영전략

4) 교육과정 안내-멘토링 리더교육 수강안내

5) 추천도서

　-Mentoring 경영리더십(130p)

# 1절. 미팅촉진 6-Step 활동전략

멘토와 멘제가 도입과정(Setting Process)에 들어서서 실제적인 활동에서는 준비, 협정, 실행, 피드백 제공, 장애물 제거, 마무리 등 6단계(6Step)를 거치게 된다.

멘토와 멘제는 이러한 단계들을 거치면서 각자 맡은 역할을 수행하게 된다. 이 가운데 만약 어느 한 단계라도 소홀히 취급되거나 생략된다면, 그 멘토링은 멘토와 멘제 모두에게 지극히 만족스러운 것이 되기 어려울 것이다. 이제부터 앞에서 언급한 멘토링의 6단계에 대해 좀 더 구체적으로 살펴보기로 하겠다.

## Step 1. 준비단계

**멘토가 할 일-개인목표로 인격개발을 목표로 삼고 멘제를 최종적으로 멘토로 재생산(Reproducting)하는 것이다.**

**관리자가 할 일 - 조직목표로 성과개발을 목표로 삼고 12목표 중에서 실정에 맞게 설정하고 도입에 필요한 다섯 가지 선행조건을 작성한다.**

멘토는 자신의 의무를 실행하는 데 있어서 현실적이어야 한다. 멘토링은 누구의 이력서가 이익을 줄 것인지를 평가하는 것이 아니라, 누가 멘제의 욕구에 적합한 투자를 할 수 있는지를 평가할 기회가 되어야 한다. 멘토는 자신이 멘토가 될 능력이 있는지를 점검해야 하며, 동시에 활동과 자기 발전의 기회를 모색해야 한다. 멘토와 멘제 모두 앞으로 멘토링의 결과를 어떻게 실천에 옮길 수 있는지 점검해야 한다.

준비 단계에서 멘토는 멘제가 스스로의 장점과 연구하고 싶은 분야를 확인할 수 있도록, 스스로를 평가해 볼 것을 부탁할 수 있다. 또한 멘제의 장단기 목표를 조사해 두어야 한다. 이는 '협정 단계'를 현실적으로 만드는 데 큰 도움이 될 것이다.

'준비 단계'에서 멘토는 또한 자신이 기대하는 바를 스스로 명확히 긍정할 수 있어야 한다. 멘토 스스로가 멘토링 관계에 대한 개인적 목표가 없다면, '마무리 단계'에 이르기까지 필요한 관심과 에너지를 유지하기가 어려울 것이다. 멘토링은 상호적이어야 하며, 비록 멘제의 활동욕구에 중점을 두고 있긴 하지만 두 파트너 모두 이익을 얻어야 한다. 두 파트너 모두 '준비 단계' 중에 각자가 기대하는 바에 대해 솔직하게 토론할 준비를 해야 한다. 그렇지 않으면 멘토링 관계의 나중 어느 시점에서 실망과 비난을 감수해야 할지도 모른다.

모든 멘토는 멘토링을 시작하기 전에 자신의 열정과 의지, 열망이 현실적 평가와 균형을 이루는지를 확인해야 한다. 멘토는 적합성이 있는지 확인하기 위해 장차 멘제가 될 사람의 배경(Needs 및 가치관 등)과 그 외의 관련정보를 고려해야 하며, 멘토링에는 멘제의 목표와 욕구에 따른 시간투자가 필요하다는 것을 확실히 인식해야 한다.

## Step 2. 협정단계

**멘토가 할 일 – 선서문, 서약서, 상호간약정서작성과 미팅프러스 전략과 미팅시간 시나리오 숙지한다.**

이 단계에서 멘토와 멘제는 관계의 유지에 필요한 계약 조건을 수립한다. 두 파트너는 목표를 세우고, 멘토링 관계의 내용과 형식에 동의를 할 수 있어야 한다. 이 단계에서 멘토와 멘제는 자신의 생각, 기대, 목표, 욕구에 대한 상호 이해를 목표로 해야 한다. 또한 기밀유지, 한계와 같은 문제도 다루어야 한다. 만약 이러한 문제를 불편해하거나 무시해서 다루지 않는다면, 멘토링 관계에서 절대로 목표를 달성할 수 없으며, 결국은 두 파트너 모두 실망하게 될 것이다.

협정 단계에서 멘토와 멘제는 대부분 상호 인재개발에 초점을 두게 된다. 멘토는 단기 트레이닝과 장기 발전 목표를 세우기 위해 멘제가 자신의 장점과 약점을 확인하도록 도움을 준다. 멘토의 목표는 멘제의 장기적 목표 성취와 관련해 멘제가 객관적으로 자기 분석을 할 수 있도록 보조하는 것이다. 멘토가 이 인재개발 과정 중에 도움을 줄 수 있는 방법은 다음과 같다.

## * 인재개발을 위한 멘토의 역할

- 멘제가 스스로의 장점과 약점을 평가하도록 요구한다.
- 멘제의 장단기 목표를 분명하게 한다.
- 멘토링 관계에 대한 멘제의 기대를 공유한다.
- 멘토링 관계에 대한 상호간의 기대를 솔직하게 토론한다.
- 파트너십을 위한 세부 계획을 세운다.

멘토링 파트너들이 '협정 단계'에서 합의한 서면 동의나 계약은 장래의 관계에 도움이 될 수 있다. 그렇다고 계약의 내용이 멘토링 진행과정 내내 절대불변이어야 하는 것은 아니다. 어쨌든 협정의 내용에는 다음과 같은 요소들이 포함되어야 한다.

협정 단계에서 멘토는 멘제가 멘토링 관계의 핵심에 다가갈 수 있도록 도와야 한다. 이 단계에서 멘토는 실행 단계를 특징짓게 될 행동의 본보기를 보이게 된다.

## * 멘토링 협정의 주요 항목

- 멘토링 관계의 장단기 목표
- 멘제의 활동목표
- 양측의 멘토링 관계에 대한 기대
- 양측이 멘토링 관계에서 기여해야 하는 부분

- 정기적인 미팅 스케줄
- 비공식적 접촉을 관리하기 위한 절차
- 첫 번째 계획한 미팅을 위한 주제
- 기밀 사항에 대한 협정
- 경영자나 상급 관리자로서가 아닌 멘토로서의 역할 조항

## Step 3. 실행단계

**멘토가 할 일 – 개인활동을 주관하여 멘토 / 멘제 개인 정기미팅 활동 – 실천카드작성 및 친목활동 한다.**
**관리자가 할 일 – 그룹활동을 주관하여 전체 쌍 계간 그룹활동 – 친목 활동 교육수강 중간평가를 시행한다.**

이는 실제적이고 구체적인 멘토링의 본론 단계로, 참가자는 대부분의 시간을 이 단계에서 소비하게 된다. 이 단계는 앞서 수립한 상호간의 이해를 바탕으로 이루어진다. 이 단계에서 참가자들은 멘제의 활동 욕구에 초점을 맞춘다. 멘토는 개방적이고 긍정적인 활동 분위기를 조성하고, 사려 깊고 시기적절하며 솔직하고 건설적인 피드백을 제공함으로써 멘제의 활동을 장려한다. 두 파트너 모두 멘제의 활동목표를 확인하며, 이 목표들이 충족되고 있는지 확인한다.

* 목표설정 브레인 게임(Brain Gam)
  실천카드작성에 유의사항(S M A R T)

1) 구체성(S pecific)
2) 측정가능성(M easurable)
3) 활동 결과 지향적(A ction Oriented)
4) 현실성(R ealistic)
5) 기한설정(T imely)

이 단계에서는 멘토의 동맹자(Partnership)·촉매제(Facilitator)·전략가(Strategist)로서의 2차적 역할이 더욱 분명하게 드러난다.

동맹자로서 멘토의 역할은 신뢰 쌓기를 의미한다. 신뢰는 멘토링 관계에서 가장 중요한 부분으로 특히 시작 단계에서 필수적이다. 신뢰와 믿음이 없는 상태에서는 멘제가 내면 깊숙한 곳에 잠재된 욕구, 불안, 꿈을 털어놓으려 하지 않을 것이다.

촉매자로서의 멘토는 멘제를 새로운 영역(새로운 사람, 상황, 도전)으로 이끌며, 이때 어떠한 일이 발생하는지를 관찰하게 된다. 새롭고 예기치 않은 상황에 멘제를 던져 놓으면, 멘제가 스스로의 능력을 되짚어 보고 발전 목표를 향해 나아가는 데 도움이 된다.

월트 휘트먼(Walt Whitman)은 이렇게 말한 적이 있다. "내 안에는 군중이 있다." 멘토는 우리 안에 있는 군중을 교육해야 한다.

코치 또는 전략가로서의 멘토는, 멘제가 성장과 활동을 위한 경험을 선택하고 구성하는 데 도움을 준다. 두 파트너는 장기 발전 목표에 대해 토론하고, 그러한 목표를 이루기 위한 업무나 경험을 고려하며, 발전 상황을 살펴보아야 한다. 멘토는 새로운 발전을 용이하게 하고, 최고를 추구하며, 멘제가 스스로의 한계를 뛰어넘을 수 있도록 도움을 주어야 한다. '재커리'는 '실행 단계'에서 멘제를 지원하기 위한 방법을 다음과 같이 목록으로 만들었다.

**\* 실행 단계에 있는 멘토의 역할을 예상해 둔다.**

- 주기적으로 활동목표에 따른 관계를 평가한다.
- 활동기회에 대해 개방적 자세를 유지한다.
- 멘토링관계에 일정한 거리를 둔다.
- 멘토링 파트너에게 정기적인 피드백을 제공한다.
- 정기적으로 멘제를 만난다.
- 멘토링관계가 발전하려면 시간이 걸린다는 사실을 예상해 본다.
- 꾸준한 참여를 보인다.
- 때때로 멘토링 관계에 참가한 모든 사람들의 기대를 재검토해 본다.
- 목적지향적인지 확인하기 위해 멘토링 관계를 모니터한다.
- 중간 궤도수정의 가능성

이러한 단계는 멘토링 관계의 핵심이며, 멘제의 활동목표가 달성될 때까지 지속된다. 실행단계의 일환으로 멘토는 멘제의 자기개발을 자극하고 동기를 부여한다. 이는 멘토가 질문을 던지고, 적극적으로 멘제의 얘기를 들어주며, 멘제의 생각에 도전하고 격려하며, 멘제를 대신한 생각이나 의사결정을 자제하는 것으로 이루어진다.

멘토의 질문은 멘제가 당면한 실질적 문제에 관심의 초점을 맞출 수 있도록 도움을 준다. 문제점을 확인하고 나면 멘토와 멘제는 문제에 대한 감정을 함께 검토하고, 장애물을 제거할 해결책을 이끌어 내도록 한다.

이 단계 중에서 멘토는 멘제의 활동과정에도 동등하게 중점을 두어야 한다. '실행 단계'에서 멘토는 멘제가 활동 기회를 얻고, 조직 안팎의 자원과 접촉할 수 있도록 보조한다.
멘토는 이러한 과정 중에 자신의 영향력이나 연줄에 집중해서는 안 되며, 멘제의 성공이나 발전에 대한 공로를 주장해서도 안 된다.

멘토는 이 단계에서 멘제가 스스로의 문제점이나 활동목표를 실천하도록 격려한다. 멘제가 문제점과 잠재성 있는 선택을 확인하고 나면, 멘토는 멘제가 책임을 지고 문제해결을 위해 행동하도록 격려해야 한다.

멘토링의 이러한 성격과 역할에 대해 안티오크 대학의 국제사회학 담당 교수인 제임스 킨(James Keen)은 이렇게 요약한다.
"우리 모두의 내면에는 자신만의 목소리가 있다. 우리는 모두 진정한 자신만의 목소리를 탄생시킬 능력을 가지고 있으며, 그 목소리는 우리의 직업에서 적용하게 된다. 멘토는 그러한 목소리를 이끌어

내는 데 도움이 될 수 있다. 이는 앵무새처럼 남의 목소리를 흉내 내는 것이 아니며, 사회적 재생산도 아니다."

멘토의 임무는 멘제의 성장과 발전을 지원하고, 문제해결 능력을 향상시키는 것이다. 일반적으로 멘토는 멘제가 던지는 모든 질문에 답변을 해 주거나 조언을 해 주는 것을 자제해야 한다. 멘토가 이러한 것을 자제하면 멘제는 스스로 문제에 적절하게 대처할 능력을 개선시킬 수 있다. 멘토의 임무는 조사·발견·질문을 통해 멘제가 자신의 앞에 놓인 문제를 분명하게 파악하도록 돕는 것이다.

멘제의 활동 여정의 일부분으로서, 멘토는 멘제를 다른 상급 관리자에게 소개해 줄 수 있다. 이는 멘제의 경력 시야를 넓혀 주는 동시에 다른 상급 관리자에게는 새로운 인재를 소개할 수 있는 방법이다.

## Step 4. 피드백 단계

멘토가 할 일-멘제의 질문과 상담을 경청한 후 멘토의 학습권으로 답변과 교육 그리고 피드백을 제공하고 상호간 미팅소재 14가지를 토론(Free Talking)·전개한다.

피드백을 하는 것은 멘제의 발전과 실행단계의 성공에 필수적인 요소이며, 멘토의 섬세함을 필요로 하는 역할 중 하나이다. 피드백의 적절성 여부는 효과적인 질문하기와 듣기 기술에 달려 있으며, 멘제에게는 멘토가 말한 것, 암시한 것, 활동의 방향, 활동과 실천의 조화를 보여줄 수 있는 기회이다.

피드백은 멘토가 멘제에게 줄 수 있는 가장 귀중한 선물 가운데 하나이다. 피드백은 교정과 확인의 형태를 띨 수 있으며, 항상 솔직해야 한다. 솔직하고 건설적인 피드백은 멘제가 능력과 자신감을 키우고 활동의 질을 높을 수 있도록 격려해 준다. 피드백은 멘토링 파트너들이 활동의 장애물을 극복할 수 있도록 도와주며, 실행단계에 필수적인 요소다.

## * 피드백 제공 시 유의사항

1. 멘제에게 주는 피드백은 솔직하고 긍정적이어야 한다.
2. 피드백을 받는 것 또한 멘토가 개발해야 할 기술이다.
3. 솔직한 피드백은 멘제에게 도움이 되는 것이 분명하지만, 때때로 멘토는 멘제의 저항이나 부정적인 태도를 각오해야 하는 경우도 있다.
4. 피드백의 궁극적인 목적은 멘제의 행동과 활동방향을 조정하는 데 있다.

피드백을 주고받는 것은 핵심적인 멘토링 기술로 볼 수 있다. 멘토링 관계에서는 멘토의 견해가 특별한 영향을 미칠 수 있으므로 피드백이 특히 중요하다. 멘토가 가지는 지위와 전문적 기술 또는 공평한 관찰자로서의 위치 때문이다. 따라서 멘제가 피드백을 받는 정도가 아니라 환영할 수 있는 방법으로 피드백을 제공할 줄 아는 능력이 멘토에겐 필수적이다.

멘제에게 주는 피드백은 솔직하고 긍정적이어야 한다. 멘토는 사실이 아닌 것은 절대 말하지 말아야 한다. 멘토는 멘제의 약점보다는 먼저 장점에 중점을 두고 강조해야 한다. 또한 약점을 다룰 때는 멘제가 이러한 약점에 어떻게 대처할 수 있는지, 자신은 어떤 역할을 할 수 있는지를 연구하는 것이 중요하다. 이것이 바로 약점을 다루기 위한 긍정적인 피드백의 방법이라 할 수 있다.

피드백을 받는 것 또한 멘토가 개발해야 할 기술이다. 멘토의 관점에서 보면 이는 두 가지 면에서 중요하다. 먼저 멘제로부터 긍정적인 피드백을 받는 것은 멘토링 관계를 향상시키며, 두 번째는 그 결과 역할 모델로서의 멘토는 피드백을 받는 대로 멘제를 더 능숙하게 지도할 수 있게 된다.

솔직한 피드백은 멘제에게 도움이 되는 것이 분명하지만, 때때로 멘토는 멘제의 저항이나 부정적인 태도를 각오해야 하는 경우도 있다. 부정적인 태도를 보이는 멘제는 대개 멘토의 피드백에 놀라고, 심하게는 충격을 받는 모습을 보인다. 멘토는 과거의 대화와 현재의 문제점을 연결시켜 주는 정보를 제공함으로써 멘제가 피드백에 대한 저항과 부정적인 태도를 가지지 않도록 유도할 수 있다.

피드백에 저항하는 멘제는 스스로의 능력을 의심하거나 상처를 받고, 자신의 문제를 남을 탓하기도 한다. 멘제에게 제안을 하기 전에 배출구를 열어 주고, 미팅 사이에 잠시 냉각기를 두는 것이 도움이 될 수 있다.

그러나 피드백이 분명하고 솔직하며 시기적절할 경우, 멘제는 새로운 에너지를 얻을 수 있다. 피드백을 받으면 끝없는 에너지를 얻는 사람도 있다. 멘토는 피드백을 한 다음 멘제가 우선순위 결정에 초점을 맞추어 새로운 행동 코스를 확인하고, 새로운 가능성을 고려해 볼 수 있도록 도움을 준다.

피드백의 궁극적인 목적은 멘제의 행동과 활동 방향을 조정하는 데 있다. 피드백은 멘제가 앞으로 나아가 새로운 도전에 대응할 수 있도록 도움을 줄 수 있다. 이는 스스로의 행동에 대해 재고해 볼 기회를 제공하며, 멘제가 행동 계획을 수립하고 사후 점검과 책임 메커니즘에 익숙해지는 데 도움이 되기도 한다.

**\* 피드백에 관한 실무기술 – 공정성과 객관성과 경청의 범위 안에서**

1. 구체적으로 한다.
2. 간결하게 한다.
3. 사소한 것도 한다.
4. 결과뿐 아니라 과정에 대해서도 한다.
5. 남이나 제3자에게도 한다.

멘토는 피드백을 할 때 지나치게 비판적인 태도를 자제함으로써 멘제의 자긍심과 자존심을 건드리지 않도록 주의를 기울여야 한다. 일방적인 충고가 아니라 상호 존중의 분위기 속에서 이루어지는 대화가 도움이 될 수 있다. 멘토는 멘제에게 자기평가를 요구하고, 멘제의 자기평가에 반응하기 전에, 주의 깊게 들음으로써 발견과정으로서의 피드백에 접근할 수 있다.

멘토는 피드백을 할 때 명확해야 할 뿐 아니라 활동을 강조하고 행동의 대안 코스에 대해 토론할 준비를 하며, 적절한 도움을 주어야 한다는 것을 항상 기억한다.

## Step 5. 장애물 제거 단계

**멘토의 문제점**-바쁜 업무, 장기출장, 능력부족, 성격충돌 등 장애 문제를 대응한다.

**멘제의 문제점**-주의산만, 예의결례, 관계소홀, 부당요구 등 장애 문제를 대응한다.

**모니터 관여**-상호간 해결되지 않을 시 모니터가 설문도구나 상담으로 문제를 대응한다.

실행 단계에서 멘토는 수많은 장애물에 부딪힐 수밖에 없다. 모든 파트너십은 어느 순간에는 장애물에 직면하게 된다. 이러한 장애물은 멘제의 경험, 신념체계, 편견 등과 관련된 개인적인 것일 수 있고 또는 멘제의 업무 상황, 업무 이해도, 커리어 계획과 관련된 조직적인 것일 수도 있다. 이러한 장애에 부딪히더라도 멘토는 멘제의 성장과 발전을 순조롭게 하기 위한 지원과 도전 제안을 아끼지 말아야 한다. 멘토는 멘토링 관계에 나타난 장애물의 등장이나 그 힘을 과소평가해서는 안 되며, 생산적인 관계를 훼손할 수 있는 문제점을 미연에 방지하기 위해 노력해야 한다.

**원인 1)-장애물 중 일부는 멘제에게서 비롯되기도 한다.**

**제거방법**-멘토는 이러한 문제를 드러내는 멘제에게는 행동으로 인한 결과를 확인으로써 멘제에게 도전하고, 멘제를 격려해 줄 준비가 되어 있어야 한다.

**원인 2)-멘제가 멘토에게 과도하게 의지하거나, 멘토가 모든 문제에 대한 답을 주거나 활동 전략을 책임질 것을 기대하는 경우도 있을 수 있다.**

**제거방법**-이런 경우 멘토는 멘제를 구해 주거나 멘제의 문제점을 해결해 주어서는 안 된다. 반대로 멘제의 행동을 주목하고 이를 이슈화하여 검토하고 생각해 보아야 한다. 또는 멘토가 그와 비슷한 자신의 경험담을 들려주어 멘제가 그 경험담을 통해 교훈을 얻을 수 있도록 하는 방법도 있다.

**원인 3-다른 장애물로는 멘제가 아니라 멘토로 인해 발생하는 것들이 있다.**

**제거방법**-멘토는 멘제와의 미팅을 기록해 놓은 것과 미팅 중 자신의 언행에 대해 재고해 봄으로써 스스로에게 피드백을 주어야 한다. 또한 멘제의 피드백을 진지하게 받아들여야 한다.

**원인 4 - 한편, 질투는 멘토와 멘제 모두에게 장애물이 될 수 있다.**
**제거방법** - 보통 이러한 장애물은 개방적이고 솔직한 피드백, 두 파트너가 스스로의 활동목표를 결정한다는 인식을 통해 극복할 수 있다. 둘이서 장애물을 극복하지 못하는 경우에는 멘토링 모니터에게 조언을 구할 수 있으며 혹은 그러한 장애물이 멘토링 관계를 마무리 지어야 한다는 징조일 수도 있다.

## Step 6. 마무리 단계

**멘토가 할 일** - 멘토링 관계를 보고서로 마무리하고 개인 간 지속 여부는 자유의사로 결정한다.
**관리자가 할 일** - 최종평가로 정성 및 정량 평가와 멘토 인증서를 작성하고 종료식을 주관한다.

모든 멘토링 관계에서는 끝이 있게 마련이다. 마지막을 계획하고, 그 이후의 잠재적 영향력을 이해한다면 두 파트너 모두에게 도움이 될 것이다. 마무리 단계에서는 멘제의 성취와 멘토링 관계를 통한 양측의 이익을 확인하고 축하하게 된다.

마무리는 협정 단계, 즉 멘토링 파트너들이 파트너십 협정에 멘토링 스케줄을 수립하는 단계에서부터 미리 예상해 둘 수 있다. 마무리는 짧고 명확한 과정으로, 멘토링 관계가 기대를 충족시키지 못했더라도 성장과 재고의 기회를 제공한다. 마무리 단계에 가까워지면 여러 가지 이유로 멘토링 파트너들에게 도전과제가 발생하게 된다.

첫째, 멘토링관계가 협정에서 예상했던 것보다 더 일찍 혹은 더 늦게 끝날 수 있다. 때로는 활동목표를 성취했음에도 불구하고 안정감과 확신을 주는 멘토링 관계를 끝내길 주저하는 사람도 있다.

둘째, 마무리는 언제나 파트너들의 감정적 반응을 불러일으킨다. 불쾌, 불안, 두려움, 실망, 안도, 기쁨 등 감정은 모두 건강한 관계의 일부이긴 하지만, 이러한 감정을 처리하는 데는 대다수의 멘토와 멘제에게 예상보다 많은 시간이 필요하다.

멘토와 멘제 모두 긴밀한 관계를 마무리 지은 경험이 없다면 당황할 수도 있다. 둘은 우정을 나누게 되어 멘토링의 마무리가 우정을 훼손하게 될 것이라는 두려움을 갖게 될 수 있다. 하지만 마무리를 짓지 않으면 두 파트너 모두에게 도움이 되지 않는다.

사전 계획이 있었음에도 불구하고 마무리 지을 시기를 아는 것이 어려울 수도 있다. 대개는 활동목표의 성공적인 성취 같은, 마무리를 알리는 확실한 신호가 나타난다. 하지만 때로는 두 파트너 모두 힘겨운 감정 문제를 겪길 원하지 않으며, 마무리에 수반될 수 있는 개인적 유대감의 상실을 원하지 않아 멘토링 관계가 지속되기도 한다. 때로는 무력감이나 안정감으로 인해 끝나야 할 멘토링 관계가 더 오래 지속되기도 한다.

계획적인 멘토링 프로그램의 경우에는 프로그램의 주기에 따른 이러한 신호가 불분명할 때도 있다.

반복되는 설명이자만 마무리할 시기가 가까워지면 멘토링 파트너 모두 문제에 부딪히게 된다. 멘토링 관계의 마무리는 불안, 분노, 경악과 같은 감정을 유발하며, 이러한 감정은 멘토와 멘제 모두의 긍정적인 성취에 먹구름을 드리울 수 있다. 명확한 마무리 일자가 관계의 끝을 지시한다. 그 결과 활동목표가 성취되었음에도 불구하고 멘토링 관계를 지속해야 하거나, 활동목표를 성취하지 못했음에도 명시된 날짜에 끝내야 하는 경우가 생긴다.

멘토와 멘제는 파트너십 협정을 맺을 때 가장 먼저 마무리 시기를 정해 두어야 한다. 마무리 일자는 유동성 있게 하고, 활동목표의 성취 여부에 따라 판단하도록 한다. 이렇게 하면 두 파트너 모두 목표를 향한 발전과정을 주시하고, 서로 적절한 마무리의 시기를 인식할 책임을 지게 된다.

마무리가 없다면 멘토와 멘제 모두 멘토링 관계를 통해 배운 것을 숙고해 보고, 구체화하며, 통합해 볼 기회를 얻지 못한다. 마무리는 멘토가 멘제에게 활동결과를 평가하고, 그러한 활동을 최대화할 수 있는 방법을 확인하도록 도울 수 있는 마지막 기획이다.

마무리 단계에서 두 파트너는 계획된 정식 파티를 열어야 한다.

멘토와 멘제가 서로 성취와 그들의 미래에 있어 멘토링이 미칠 영향에 대해 토론할 수 있는 오찬을 여는 것도 좋다.

성공적인 관계의 마무리는 멘토-멘제 관계의 끝이 아닐 수도 있다. 멘제는 멘토를 신뢰할 수 있는 친구로 여기고, 앞으로의 직장생활에서 자신의 발전과정에 대해 보고할 수도 있다. 이와 같이 비공식적인 멘토링 관계를 유지하기 위해서 멘토는 공식적인 멘토링 관계가 끝난 후에도 멘제에게 지속적이고 긍정적인 피드백을 제공할 각오가 되어 있어야 한다.

# 2절. 멘토링 시스템 운영전략

## 1. 멘토링 시스템 운영 방법

### 1) 멘토링 시스템의 필요성

오늘날 멘토링에서 체계적인 시스템의 필요성은 ① 전통적인 멘토링에서는 리더십을 제대로 갖춘 멘토 선정이 별로 어렵지 않다고 본다. 그러나 조직에서는 늘 상대하는 구성원 간에서 제대로 갖춘 멘토를 선발하는 데 어려움이 많다. ② 또한 현대사회에서 멘제급의 신입사원이 멘토 대상인 기존 사원보다 지식력, 정보력 등에서 앞설 수 있다. ③ 한국적인 상황에서 멘토링을 겪지 못한 사람이 대부분이기 때문에 멘토가 되는 것이 업무적으로, 심리적으로 부담을 느끼게 된다.

이러한 상황을 감안하여 조직에서 의도적으로 체계적인 시스템을 갖춰 멘토 / 멘제를 일정 조건하에서 선정하여 관찰하고 지원하는 시스템이 필요하게 됨으로 멘토링시스템 구축과 아울러 모니터링 역할이 필요한 것이다.

멘토링 제도를 실행하기 위하여 다음과 같은 세 가지 형태의 틀을 갖추게 되면 운영상 효과를 거둘 수 있으며 특히 목표제와 평가제에 의한 생산성 효과도 보장할 수 있게 된다.

### 형태 1. 조직(Organization)

- 멘토링제도를 도입함에 있어 정규조직에 상응하는 멘토링 조직이 구축되어야 한다. 예를 들면 '멘토링운영위원회', '멘토링아카데미', '멘토링TFTeam', '멘토풀센타' 등으로 명칭하면 된다.

### 형태 2. 사람(People)

- 조직을 운영하는 데 필요한 사람을 세운다. 예를 들면 '운영위원장', '추진팀장(TFTeam)', 프로그램 매니저, 모니터 등이다.
- 멘토링 운영위원회 – 위원장
- 멘토링 추진팀 – 추진팀원, 프로그램매니저, 모니터
- 멘토 / 멘제

### 형태 3. 운영 프로그램(Program)

- 조직과 사람을 갖추었다고 볼 때 그다음 중요한 것이 체계적인 프로그램을 개발하든지 그렇지 못하면 외부에서 채택하는 일이다. 지금까지 국내 조직에서 의욕만 앞섰지 제대로 프로그램을 갖추지 못한 것이 바로 실패의 원인이라고 볼 수 있다. 참고로 멘토링코리아에서 개발된 프로그램으로 멘토링 전문인력을 양성하는 20시간~80시간 정규교육과정과 멘토링 제도 도입 4개 과

정(4Process) 컨설팅 매뉴얼이 있다.

## 2) 멘토링 System 의미

대부분 업체에서조차 전통적인 멘토링의 틀을 크게 벗어나지 못하고 있어 지속적인 프로그램 유지가 되지 않아 교육 이벤트식 일회성으로 끝나는 예가 허다하다.

'제도적 멘토링'의 기원은 1982년 William Gray(加 브리티시대 교수)이 개발한 New Mentoring Program에 의한다.

기업, 학교, 교회, 군대, 공공기관 등 조직체에 체계적인 멘토링 프로그램을 도입하여 운영하는 것을 말한다.

개인 간에 자연스럽게 연결하여 활동하는 전통적 멘토링을 조직구성원에 적용할 때는 준비, 도입, 활동, 평가 프로그램을 적용하여 시행하게 되는데 이런 경우에 제도적인 멘토링(Systematic Mentoring)이라고 한다.

제도적 멘토링의 목적은 조직에 멘토링 제도를 도입함에 있어 투자(인력투자, 자금투자, 시간투자 등)에 대비, 인재개발 성과와 생산성 효과를 확보하기 위함이다.

지금까지 국내 조직에서 의욕만 앞섰지 제대로 프로그램을 갖추지 못한 것이 바로 실패의 원인이라고 볼 수 있다.

참고로 멘토링코리아에서 개발된 프로그램으로 멘토링 전문 인력을 양성하는 20시간~80시간 정규교육과정과 멘토링 제도 도입 4개 과정(4Process)시스템 컨설팅 매뉴얼이 있다.

## 3) 멘토링 System 구축도표

### (1) 멘토링 운영 조직도(System)

### (2) 멘토링 운영 팀 직무도(Task)

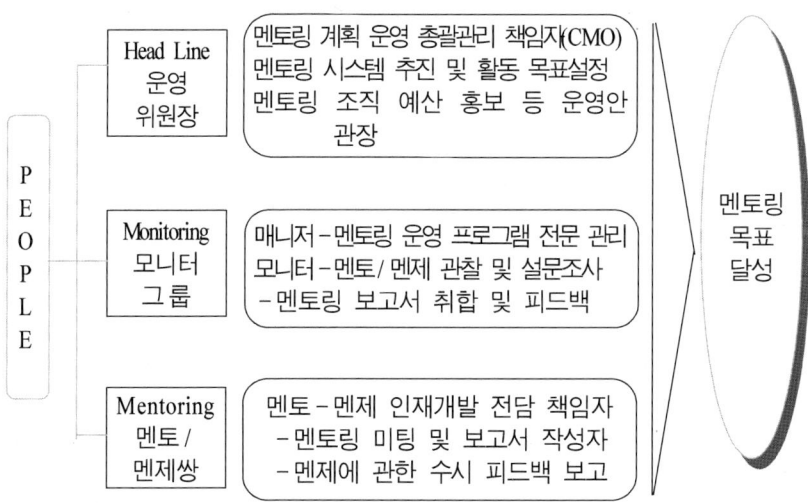

## 4) 멘토링 시스템 목표 설정

### (1) 개인 인재개발 목표

멘토링의 첫 번째 목표는 개인 스스로 인재개발하는 것이다. 아래 내용은 인격을 다섯 가지 테마로 구별하여 우선 현재 득점(100점 만점)을 산정하고 만점에서 현재 점수를 공제한 숫자를 멘토링 활동 중 개인개발의 목표로 설정한다.

**Star Game 지수 목표**

| 지수 목표/지수 분야 | 지수별 착안점 | 지수 |
|---|---|---|
| ① Hightouch(마음지수) | 포용력, 정서력, 봉사헌신력 | 만점 20점 |
| ② Hightech(지식지수) | 지식력, 기술력, 정보력, | 만점 20점 |
| ③ Highhealth(건강지수) | 정신과 신체의 건강력 | 만점 20점 |
| ④ Highcontrol(관리지수) | 의지, 절제, 판단, 분별력 | 만점 20점 |
| ⑤ Highrelation(관계지수) | 조직원 간, 가족 간, 사회활동 | 만점 20점 |
| | | 합계 100점 중( ) |

### (2) 조직 생산성 목표

멘토링의 두 번째 목표는 아래 12가지 활동 목표를 조직의 실정에 맞게 선택하여 목표로 삼고 멘토링 활동 기간에 성과와 연결된 생산성 효과를 얻는 것이다.

신입단계
Getting

성장단계
Growing

유지단계
Keeping

리더단계
Leadering

⊕ 목표1: 신입사원 정착률 향상

⊕ 목표2: OJT 업무 조기 숙달

⊕ 목표3: 경력개발 촉진
⊕ 목표4: 제품품질 향상
⊕ 목표5: 영업사원 스킬 향상
⊕ 목표6: 서비스사원 스킬 향상
⊕ 목표7: 지식기술이전 촉진
⊕ 목표8: 독서인재개발
⊕ 목표9: 노사화합 촉진
⊕ 목표10: 여성인재개발

⊕ 목표11: 핵심인재개발
⊕ 목표12: 협력업체 경영지원

### 5) 모니터링 시스템 의미

멘토링에서 모니터링 시스템의 개념정리가 우선 되어야 한다. 광의의 시스템으로 운영위원장, 멘토링 **TFTeam**, 모니터그룹 등을 통틀어 말할 수 있다. 그리고 협의의 시스템은 단지 모니터 그룹에서 전담하는 업무로 국한하는 것을 말한다.

모니터링 시스템은 멘토/멘제의 활동 중 부정적인 면과 경영진들의 우려 사항을 사전에 모니터를 세워 긍정적이면서도 성공 확률을 높이기 위한 방편으로 조직에서 멘토링 시스템을 운영할 때 필수적인 프로그램이다.

(1) 멘토문제점 사전 보완

멘토링에서 멘토의 역할은 절대적이라고 볼 수 있다. 그러한 제도에서 멘토링 활동을 방치하게 되면 멘토의 파벌짓기, 멘제의 사유화, 혈연·지연·학연의 피해 등 부정적인 상황 전개를 방지할 길이 없다.

특히 조직 운영의 파워게임에서 멘토링 활동을 이용한다고 볼 때 - 예를 들어 노조와 편가르기, 경영권 강화하기, 특정 임원의 영향력 보완하는 등 - 이러한 문제점을 사전에 보완할 수 있는 시스템이 모니터링 제도라고 볼 수 있다.

(2) 모니터의 주어진 책임

모니터는 광의 역할을 제하고는 단지 멘토의 멘토 역할과 멘제를 포함하여 관찰하고 지원하는 역할이 주 업무라고 볼 수 있다. 멘토/멘제의 상급자에게 멘토링 정보를 정기적으로 제공하는 일과 멘토/멘제와 운영위원장의 중간에서 코디네이터의 역할을 감당하기도 한다.

특히 멘토/멘제의 관계가 원활치 않을 때 즉시 설문도구를 이용하여 자의적으로 처리할지 위원장에 보고해야 할지를 신속히 결정해야 한다.

## 2. 12개월 운영 프로그램

### 1) 프로그램 12개월 개요

오늘날 조직에 적용하는 멘토링의 특징은 도입을 원하는 조직에서 12개월 등 일정기간을 필요로 하는 프로젝트(Project)개념에서 활동 목표에 따라 프로그램이 필요하게 된다.

왜냐하면 조직에 적용하는 멘토링은 조직의 특성상 투자의 개념과 성과측정 차원에서 평가가 뒤따르는 것이 필수적이기 때문에 체계적인 시스템으로 접근하는 것이 필요하다.

조직 개발용으로 체계적인 프로그램을 제도적 멘토링(Systematic Mentoring)이라 부르며 구체적으로 12개월 동안 준비과정, 도입과정, 활동과정, 평가과정에 적용하는 프로그램을 말한다.

특히 다음에 소개하는 4개 과정에 적용하는 4프로그램과 10-Point 그리고 컨설팅 15도구(Tool)는 멘토링 활동을 시스템 차원에서 운영하여 성공적으로 이끄는 전략이다.

### 2) 미팅활동 12개월 의미(Meaning)

12개월은 우리 인생의 삶의 기본 단위로 멘토 / 멘제가 12개월 활동하는 것은 아주 자연스러운 기간이다.

12개월은 법인 조직에서 업무를 정리하고 평가하는 한 회계기간으로 멘토링 활동도 조직경영의 틀 안에서 이뤄짐으로 타당한 기간이다.

12개월은 회사에 지원기간으로 특히 신입사원의 이직률이 1년 내 가장 많은 것도 함께 고려한 기간이다.

12개월은 미팅 활동 최소기간으로 회사 제도적 멘토링 프로그램으로 관리하고 기간이 종료하면 그 후 자유롭게 전통적 방식의 멘토링으로 전환하여 평생까지 가능하다.

12개월 동안에 멘토가 멘제를 성숙시켜 자신과 같은 멘토로 재생산하여 다음 기회의 멘토링에서 멘토로 함께 활동하는 것이 최상의 성공 멘토링이다.

일반 사회 결혼도 사전에 철저히 준비해서 독립 가정을 이루게 하듯이 멘토/멘제도 12개월 기간에 관리그룹과 경영그룹에서 책임 있게 지원하여 차후 성숙된 멘토링으로 유도하도록 한다.

### 3) 멘토링 12개월 운영 일정표

멘토링은 일회성 교육이벤트가 아니고 일정 기간 특수업무 차원에서 프로젝트 개념으로 활동이 진행된다. 특별히 정규업무와 긴밀한 협조 아래 TFTeam에 의해 Process별로 준비한 프로그램을 적용한다. 우선 12개월 기간을 모델로 하여 아래 4개 과정(Process)의 일정표를 소개한다.

| 구분 | 예비1 | 예비2 | 예비3 | 실행1 | 2 | 3 | 4 | 5 | 6 | 7 | 8 | 9 | 10 | 11 | 12 | 비고 |
|---|---|---|---|---|---|---|---|---|---|---|---|---|---|---|---|---|
| 준비과정<br>전문교육<br>TFTeam<br>환경분석 | □ | □ | □ | | | | | | | | | | | | | |
| 도입 과정<br>Workshop<br>결연식 | | | | □ | | | | | | | | | | | | |
| 활동과정<br>주월계간<br>서비스<br>개인활동<br>서비스<br>그룹활동<br>서비스 | | | | □ | □ | □<br>□ | □ | □ | □<br>□ | □ | □ | □<br>□ | □ | □ | □<br>□ | |

| 구분 | 예비1 | 예비2 | 예비3 | 실행1 | 2 | 3 | 4 | 5 | 6 | 7 | 8 | 9 | 10 | 11 | 12 | 비고 |
|---|---|---|---|---|---|---|---|---|---|---|---|---|---|---|---|---|
| 평가과정<br>중간평가<br>결과평가<br>멘토<br>인증 |  |  |  |  |  | ☐ |  |  | ☐ |  |  | ☐ |  |  | ☐ |  |

## 3. Process별 운영 Agenda

멘토링은 일회성 교육이벤트가 아니고 일정 기간 특수업무 차원에서 프로젝트 개념으로 활동이 진행된다. 특별히 정규업무와 긴밀한 협조 아래 TFTeam에 의해 Process별로 준비한 프로그램을 적용한다. 우선 12개월 기간을 모델로 하여 아래 4개 과정(Process)의 일정표를 소개한다.

인간에 의해 자연스럽게 이뤄지는 전통적인 멘토링과는 달리 학교, 기업, 교회, 군대, 공공기관 등 조직에 적용하는 멘토링은 조직의 특성상 투자의 개념과 성과측정 차원에서 평가가 뒤따르는 것이 필수적이기 때문에 체계적인 시스템 도입이 필요하게 된다.

이와 같이 조직 개발용으로 적용되는 4개 과정(4 - Process)에 적용되는 관리부문, 교육부문, 활동부문, 평가부문으로 구분하여 구체적으로 운영계획에 의한 현장에서 프로그램이 실행되어야 한다.

| 컨설팅과정 | 컨설팅 주제 | 실행 프로그램 |
|---|---|---|
| Process1 준비과정 | 과정설계 | 관리 프로그램 |
| Process2 도입과정 | Orientation | 교육 프로그램 |
| Process3 활동과정 | 멘토 / 멘제 활동 | 활동 프로그램 |
| Process4 평가과정 | 평 가 | 평가 프로그램 |

## Process 1) 준비과정 운영 Agenda

멘토링 도입을 원하는 업체는 최소 3개월 준비기간이 필요하다. 그 기간 동안에 자료도 수집하고 필요한 전문교육도 받고 멘토링 전문가와 대화를 통하여 자사 멘토링 추진 팀을 구성하고 12개월 추진 계획을 수립하는 단계다. 특별히 어떤 목표로 멘토링을 진행할 것인가를 염두에 두고 조직의 환경분석을 먼저 시행해야 한다.

| Theme | Program | Contents |
|---|---|---|
| 설계<br>컨설팅<br><br>Design | 관리프로그램 | 1 12개월 운영안 작성-조직 예산 등<br>2 멘토링 활동 목표 설정 |
| | 교육프로그램 | 1 전문교육과정 설계-추진관리자 수강<br>2 간부특강교육과정 설계-간부 수강<br>3 도입Workshop과정 설계-멘토/제<br>4 보수교육과정 설계-멘토/제 |
| | 활동 프로그램 | 1 멘토/제 개인 활동 설계<br>2 멘토/제 그룹 활동 설계 |
| | 평가프로그램 | 1 개인별/그룹별 평가 설계<br>2 정량별/정성별 평가 설계 |
| 컨설팅<br>Tool<br>적용 | Tool 1-멘토풀 센터 운영-6p    Tool 2-시스템구축 방법-7p<br>Tool 3-인간존중지수측정법-7p Tool 4-목표설정 방법-9p<br>Tool 5-동기부여 방법-6p        Tool 6-행정양식 작성법-8p | |

## Process 2) 도입과정 운영 Agenda

도입과정은 준비과정에서 설계한 내용대로 활동 직전에 오리엔테이션으로 진행한다. 도입교육(Workshop)을 시작으로 멘토 / 티 상견례 그리고 0.5~1시간 정도 CEO 참석하에 결연식 순서를 진행하고 마지막으로 이벤트식 만찬에 멘토 / 티를 초대한다.

특히 멘토링 교육부문은 먼저 추진 팀원을 멘토링 전문가로 양성하고 특히 멘토 / 멘제가 멘토링 활동 기간에 자생력을 발휘할 수 있도록 사전 충분히 Workshop으로 진행하는 교육 프로그램이다. 아울러 임직원의 멘토링 마인드 조성을 위해 특강 프로그램이 준비되어 있고 활동 촉진을 위해 보수 교육과 이벤트 식으로 참여자를 북돋아 주는 프로그램도 실행한다.

| Theme | Program | Contents |
|---|---|---|
| 오리엔<br>테이션<br>컨설팅<br><br>Orient<br>ation | 도입 Workshop<br>8/4시간용 | 멘토링 원리이해 활동지침 역할<br>Skill 상견례 Game 리더십 사례연구 등 |
| | 인간존중<br>진단설문작성 | 멘토에 의하여 회사 인간존중경영 지수 진단 설문 작성 |
| | 결연식 | 1 진행 순서-촬영 기념품 선물<br>2 멘토/제 선서 서약서 약정서 등 실행<br>3 동기부여 이벤트식 만찬제공 |
| 컨설팅<br>Tool<br>적용 | Tool 7-멘토/멘제 활동 6단계-9p<br>Tool 8-멘토링 교육 과정-6p<br>Tool 9-멘토/제 결연식-10p<br>Tool 10-멘제 인재개발 5DB-7p | |

## Process 3) 활동과정 운영 Agenda

멘토링 활동부문은 멘토 / 멘제가 12개월 동안 조직의 지원하에 자유롭게 프로그램을 진행하는 자율활동을 말한다. 여기에서 개인활동은 정기미팅 등 멘토/멘제 두 사람만이 갖는 프로그램을 말하고 그룹활동은 전체 쌍이 야외활동을 하는 등 합동으로 활동하는 것을 말한다. 활동 촉진을 위하여 주간별 서비스, 월간 서비스, 계간 서비스, 마지막 종료 서비스를 제공한다.

| Theme | Program | Contents |
|---|---|---|
| 활동<br>컨설팅<br><br>Doing | 멘토/제<br>개인활동 | 1 멘토/제가 개인적으로 주1회 미팅한다.<br>2 미팅소재개발 프로그램을 제공한다. |
| | 멘토/제<br>그룹활동 | 1 멘토/제 전원이 특별행사를 갖는다<br>2 1차-도입Workshop과정  2차-등산<br>  3차-체험 4차-이웃돕기 등 |
| | 주간서비스 | 1 멘토/제에게 주간별 온라인 학습지 제공<br>2 내용-주간명상록,행동지침서,사례,학습지 |
| | 월간서비스 | 1 월간 정기 현장 컨설팅 서비스 제공한다<br>2 내용-시스템운영점검 멘토보고서,모니터<br>  설문, 관리자진행자료 검토후 피드백제공 |
| 컨설팅<br>Tool<br>적용 | Tool 11-멘토링 주간학습 온라인-4p<br>Tool 12-멘토/제 미팅소재 개발-7p<br>Tool 13-멘토/제 6단계 활동 프로그램-6p | |

## Process 4) 평가과정 운영 Agenda

멘토링 평가부문은 조직마다 멘토링 시스템을 도입하기 위해서는 사람, 시간, 자금 투자를 해야 함으로 투자에 대한 성과확보 측면에서 아래 세 가지 차원에서 평가가 이뤄져야 한다.

평가과정은 멘토링 참가자들에게 책임감과 자부심을 갖게 하는 프로그램으로 활동 개시 후 중간/최종평가, 개인/그룹 평가, 정량/정성평가 등으로 구분하여 실행하고 종료 후에 멘토 인증서를 제공한다.

* 평가기간: 분기별을 기준하여 중간평가와 활동을 종료하고 최종평가
* 평가대상: 멘토/멘제 개인별 평가와 전체 쌍을 평가하는 그룹(조직)별 평가
* 평가방법: 숫자를 반영하는 정량(경제성)평가와 기타 설문 중심의 정성평가

| Theme | Program | Contents |
|---|---|---|
| 평가<br>컨설팅<br><br>Evaluation | 개인/그룹<br>평가 | 1 개인-멘토/제의 인격지수, 자생력개발점수<br>2 그룹-유지율, 정착율, 숙달율 회수율 등 |
| | 정량/정성<br>평가 | 1 정량-유지율 정착율 숙달율 회수율<br>  -인격점수, 자생력점수 상승율<br>2 정성-멘토/제의 4대 만족도 설문평가<br>3 만족도-교육, 활동,인간관계, 조직충성도 |
| | 중간/최종<br>평가 | 1 중간-계간으로 정량/정성으로 평가한다.<br>2 최종-활동 종료시 종합 평가한다.<br>3 종료식-진행순서,평가발표,포상,만찬제공 |
| | 멘토<br>인증서제공 | 1 멘토 활동 장려를 위한 인증서 제공<br>2 점검내용-멘토 교육, 활동, 평가 점수 반영 |
| 컨설팅<br>Tool<br>적용 | Tool 14-멘토링 활동종합 평가-23p<br>Tool 15-멘토 활동 인증제도-4p | |

# 3절. 멘토링 12개월 동기부여 전략

멘토링 동기부여 필요성:

1) 정규업무를 다루면서 멘토링 특수활동을 하게 되므로,

2) 특히 멘토는 CEO를 대신해서 질(質)관리 인재개발을 책임지므로,

3) 사람은 칭찬을 통하여 잠재역량개발을 촉진하게 되므로 필요하다.


동기부여 방법:

1) 물질적(物質的) 동기부여 – 교육비 활동비 상금 등 물적 지원한다.

2) 정신적(精神的) 동기부여 – 인사고과, 진급, 보직 등에 반영한다.

3) 인정적(認定的) 동기부여 – 작은 사장(Small CEO)의 위치로 인정 해 주고 멘토링 데이를 선포하여 활동을 양성화하고 종료 시 멘토인증서를 수여한다.

# 1. 제도적 차원에서 동기부여

## 1) 멘토풀센터(Mentor Pool Center)제도

멘토는 멘토링에 관한 상당 수준의 지식을 가지고 있어야 하며 특히 남다른 사명감을 필요로 한다. 그러므로 멘토를 1회용 소모품의 개념으로 다룰 것이 아니라 조직에서 투자의 개념으로 지원해 주어야 한다. 멘토풀(Mentor Pool)이라는 전담기구를 통하여 멘토를 선발하고 양성하고 지원하고 재충전하고 사후관리 등을 체계 있게 해주는 것이다. 그로 인하여 멘토를 조직 내 인재 개발 전문인력, 부하육성의 필수요원 그리고 핵심인재개발 대상으로 업그레이드함으로 멘토링 활동에 열정을 갖고 멘제를 멘토로 재생산하는 데 최선의 노력을 경주할 것이다.

## 2) 멘토링 활동 평가제도

멘토링 활동에서 평가제도는 필수적이다. 이 평가제도를 통하여 멘토는 자부심과 함께 책임감도 느끼게 됨으로 멘토링 활동에 남다른 몰입도를 가질 수 있다.

## 3) 멘토링 주간 이메일링 서비스제 시행

멘토링 도입 Workshop과정에서 처음에는 상당히 멘토링 활동에 적극성을 갖다가 3개월 지나면 대부분 열기가 식어진다. 이를 사전에 방지하는 것이 주간 멘토링 명상록 서비스다. 명상록을 통하여 심리적으로 격려가 되고 부수적으로 멘토링 학습, 기법, 사례, Q&A 등 자료를 주간으로 접하게 됨으로 계속 멘토링 활동이 활성화된다.

## 4) Cyber Mentoring System

멘토링 활동은 멘토와 멘제의 공동체다. 그러므로 상호 활동 상황에 관하여 궁금하게 생각하고 서로가 잘한 점에 대하여 본받기를 기대한다. 멘토링 홈페이지나 카페는 이러한 공동체의 분위기를 지원하면서 쌍별로 모범 사례를 공개하여 선의의 경쟁을 유발하도록 지원하면 효과적이다. 특히 월간, 계간에 필요한 보고서와 점검사항을 카페를 통해 접수하는 한편 월등히 잘 하는 멘토나 멘토링 쌍은 공개적으로 시상하는 것이 효과적이다

## 2. 업무적 동기부여 지원

### 1) 조직의 분명한 활동목표 설정 제시

멘토에게 조직에서 활동목표를 설정하는 것이 우선순위다. 왜냐하면 멘토를 비롯한 멘토링 참여자에게 분명한 책임의식과 목표의식을 심어 주기 위한 것이며 아울러 조직에서 멘토링을 추진하기 위해서는 투자에 상응하는 생산성 측정을 염두에 두고 목표관리를 반드시 해야 하기 때문이다.

어떤 방법으로 목표를 설정할 것인가? 우선 조직 내 환경분석을 실시한 후 취약한 부문, 문제부문을 염두에 두면 된다. 예를 들어 이직률이 심하다면 '신입사원 정착멘토링', 경력부문이 취약하다면 '경력개발 멘토링', 노사간 문제는 '노사화합 멘토링' 등으로 설정한다.

그러한 후에 활동 목표별로 미팅이 이뤄지도록 지원하며 지속적으로 일정기간 예를 들어 12개월 등에서 과정별로 주간, 월간, 계간에 활동 촉진 프로그램을 적용하는 것이다.

## 2) 도입 선행 다섯 가지 조건 제시

멘토링은 조직의 정규업무와 별개의 특수업무로 볼 수 있다. 가장 좋은 운영 시스템은 TFTeam이다. 특히 멘토링 활동은 멘토의 자생력으로 진행이 바람직스럽기 때문에 조직에서는 분명한 방향 설정을 제시하고 그 후로 멘토와 멘제가 상호간 협력해서 진행하면 된다. 멘토링 활동 전에 멘토에게 아래 사례와 같은 다섯 가지 도입 선행 조건을 필히 제시하는 것이 바람직스럽다.

[다섯 가지 선행조건 모델]
  ○ 활동목표: 신입사원 멘토링(또는 노사화합, 경력개발 등)
  ○ 활동기간: 12개월
  ○ 활동始終: 2008. 1. 1.－2008. 12. 31.
  ○ 멘제 그룹기준: 신입사원사원 30명 (또는 신입 6개월 미만인 자 등)
  ○ 멘토 그룹기준: 선배사원 30명 (또는 2～5년차 선배사원)

## 3) 결연식 / 종료식 격식 차려 지원

멘토 / 멘제의 결연식은 멘토링도입 Workshop 기본교육을 마치고 별도의 시간으로 단위 조직에서 주관하여 진행한다.

쉽게 생각하면 남, 여 결혼식을 염두에 두고 격식을 갖춰 격려 차원에서 진행한다고 생각하면 된다. 가능한 한 CEO가 참석해야 하나 그렇지 못할 경우 반드시 임원 정도에서 격려사를 하는 순서를 진행하도록 한다.

종료식은 멘토링 활동기간 종료시점에서 그동안 활동에 참가한 참여자들에게 대한 격려와 포상 차원에서 진행한다.

[결연식 순서 모델]

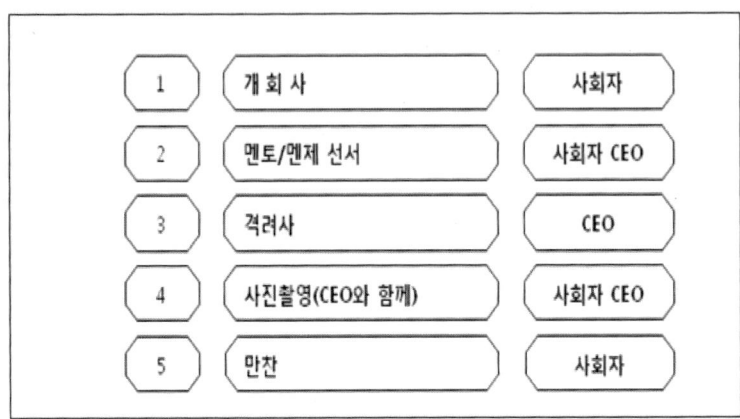

| | | |
|---|---|---|
| 1 | 개회사 | 사회자 |
| 2 | 멘토/멘제 선서 | 사회자 CEO |
| 3 | 격려사 | CEO |
| 4 | 사진촬영(CEO와 함께) | 사회자 CEO |
| 5 | 만찬 | 사회자 |

## 3. 인사체계에 반영 동기부여

멘토링 동기부여 중에서 가장 매력을 느끼는 부문이 인사체계와 연결하는 것이다. 이 부문은 조직 CEO의 멘토링에 관한 관심도를 엿볼 수 있는 대목이다.

국내 멘토링에서는 과거 멘제 시절의 경험이 없는 멘토의 입장은 대부분 첫 출발할 때 선발된 의식보다는 시간적인 면에서 피해의식과 업무 면에서 이중부담의 염려를 가지고 있다.

이러한 상황에서 뚜렷한 동기부여 없이 멘토링을 진행하게 되면 상당기간 동안 약간의 거부의식에서 멘제와 미팅이 이뤄지고 멘토링에 몰두가 지장을 받게 된다.

그러므로 조직에서는 멘토링에 참여하는 멘토가 첫출발부터 망설이지 않도록 멘토링 참여하지 않는 동료 직원과 인사체계상에서 분

명한 차별 대우를 해 줌으로 명분 있게 멘토링에 전념할 수 있는
계기를 만들어 주어야 한다.

### 1) 인사고과 평가 시 가점 반영
멘토링에 참여하는 멘토를 활동기간, 전문교육수강, 우수멘토수상
등을 고려하여 정기적인 인사고과 평가 시 일정한 점수를 가점하여
동기부여를 해 주는 제도다.

### 2) 연봉 책정 시 상향 조정 반영
멘토는 정규업무와 멘토링이라는 두 가지 면에서 조직에 기여하는
것이다. 이러한 상황을 참작하여 연봉 협상 시 일정금액을 가산하여
동기부여해 주는 것이다.

### 3) 진급심사 평가 시 가점 반영
멘토로의 활동은 조직에서 자연스럽게 중간 지도자로서 역할을 수
행할 기회를 갖게 되고 특별히 부하육성이라는 리더십을 인정받게
된다. 조직 입장에서는 이기주의가 팽배한 조직문화에서 타인을 배
려해 주는 멘토를 긍정적으로 평가해 주어야 한다.
이러한 인재개발에 앞장서는 멘토를 어느 직원보다도 진급 심사
시 가점을 주어 동기부여를 해 주어야 한다.
참고로 GE그룹에서는 1999년 진급자의 80%가 멘토의 도움을 받
았다. 멘토의 공로를 인정해 주어야 할 당위성이다.

## 4. 멘토링 활동 중에 동기부여

### 1) 교육수강 지원

멘토가 멘제를 일정기간 동안 인재개발의 책임을 맡고 활동하게
될 때 제일 우려하는 점이 멘토링에 관한 올바른 이해와 멘토로서
어떤 역할을 할 것인가이다. 그다음으로 염려가 되는 것이 미팅 시
어느 소재를 가지고 의논할 것인가이다.

이러한 의문과 염려를 풀어 주는 것이 멘토에 관한 교육수강 지
원이다. 사실 멘토에게는 아마추어보다는 멘토링 전문가로서 교육수
강이 필요하고 단순히 멘제 한 사람을 담당한 차원에서 머무를 것이
아니라 회사 중간 지도자를 양성하는 차원과 핵심인재로 개발한다는
적극적인 인재전략 차원에서 검토하는 것이 효과적이다.

### 2) 월 활동비 지급

멘토링을 조직에서 인재개발 차원에서 정식으로 도입이 이뤄질 때
반드시 고려해야 할 점이 경비부문이다. 멘토링 활동이 공식적인 조
직의 활동으로 인정을 받을 때 멘토 / 멘제의 활동비 지급을 공금으
로 지원하는 것은 당연하다. 혹자는 멘토링은 상호 협약으로 무료
봉사를 주장하는 사람도 있다. 사회 멘토링에서는 비영리 재단에서
기부금으로 운영하는 상황에서 멘토의 무료 봉사나 또는 멘토가 일
정 경비를 부담하는 경우도 있다.

그러나 조직의 필요에 의해 멘토 / 멘제를 선발하고 조직의 고유업
무인 인재개발이라는 분명한 목표로 멘토링 활동이 진행된다고 볼

때 투자의 개념에서 일정 경비를 지원하고 최종 평가를 통하여 회수와 생산성에 관한 점검이 이루어져야 한다고 생각한다.

특히 멘토/멘제의 월(月) 활동비 지원 기준은 먼저 미팅 주기를 주간, 월간 등 몇 회로 할 것인가가 기준이 된다. 주 1회를 미팅 주기로 볼 때는 멘토링 쌍당 100,000원 이상은 되어야 한다고 본다.

### 3) 멘토링 데이(Mentoring Day) 공시

멘토링이 아직은 국내에서 생소한 인재개발 기법으로 인식됨으로 먼저 도입한 조직에서 상당한 비토 세력에 의해 어려움을 겪고 있는 실정이다. 모처럼 멘토링을 도입하여 이러한 분위기가 도를 넘을 때 멘토/멘제의 활동은 위축되어 효과가 반감된다. 그러므로 멘토링 도입 전에 간부급들에게 기본 특강으로 긍정적 분위기를 유도하는 것이 필요하다. 특별히 멘토/멘제 개인 활동을 양성화하기 위하여 CEO결재를 얻어 주 1회 특정 요일을 멘토링 데이로 선포하여 미팅을 공개하는 것이 활성화 계기가 된다.

### 4) 그랜드 미팅(Grand Meeting) 시행

멘토링은 멘토/멘제의 자발성이 무엇보다도 중요하다. 멘토링 활동기간 중 분기별로 멘토링 전체 쌍, 즉 그룹 활동 차원에서 보수교육, 토론회, 격려회식, 야유회 등으로 자발성을 고취하는 기회를 갖게 한다. 이때는 CEO의 동참이 가장 효과적이다.

## 5. 활동 진흥대회 동기부여

멘토링 활동 기간 중 중간지점이나 최종 종료 시에 멘토링 활동에 우수한 자나 기타 공로자에게 시상을 하여 격려하고 차기 멘토링에 기대를 갖게 하는 동기부여 제도다.

먼저 진흥대회는 활동 중 우수 멘토를 선발하여 실제 발표토록 하고 멘토링 쌍 중에 우수 쌍을 선발하여 역시 발표토록 하여 멘토링 열정에 관심을 높이는 계기로 삼게 한다.

특별히 활동 기간 중에 멘토링에 관하여 느낀 점이나 미팅 사례 등을 수기로 남길 수 있도록 하여 차기에 참고자료로 활용하면 효과적이다.

이러한 행사를 진행하면서 우수한 자에게 차등으로 포상금이나 포상휴가, 포상 해외여행 등으로 지원하면 마지막 마무리를 인상 깊게 해 주고 차기 멘토링 활동에 기대를 갖게 할 수 있다.

**\* 멘토링 활동 진흥대회**
1. 우수 멘토 활동 선발 진흥대회
2. 우수 멘토링 쌍 활동 선발 진흥대회
3. 멘토링 활동 멘토 / 멘제 우수 수기선발 진흥대회

**\* 멘토링에서 우수 활동자 선정 포상**
1. 우수 멘토 시상금-1, 2, 3등 선발(월 계간 활동결과)
2. 우수 멘토링 쌍 시상금-1, 2, 3등 선발
3. 우수 수기 당첨자-1, 2, 3등 선발

# 6. 멘토인증제도(Mentor Certificate System)

멘토를 동기부여하는 데 쉽게 물적 및 자금적 지원을 생각하게 된다. 당연히 생각해야 할 사항이다. 그러나 그것에 머무른다면 잘못 낮은 차원의 지원에 머물러 잘못 오해할 수 있는 여지도 생길 수 있다. 멘토인증제는 특히 차원 높게 정신적 부문에 동기부여를 제공하는 것이다. 멘토로서 조직 내에서 리더십으로 인정받으면서 인성분야의 평가자료로 활용하면 멘토가 크게 고무되는 상황이 될 것이다.

[멘토인증 기준표]

| 인증부문 | 배 점 기 준 | 인증점수 | 기대점수 | 비 고 |
|---|---|---|---|---|
| 교육수강 | *정규교육 시간당 - 1점<br>Silver Course - 20시간<br>Gold Course - 40시간<br>Diamond Course - 60시간<br>주간 이메일학습 6월 - 6점<br>성적우수자 1회 - 5점 | | 70 | 4~60시간<br>선택가능 |
| 멘토활동 | *미팅횟수월당 - 4점<br>*활동유지월당 - 4점<br>친목활동  경조활동<br>학습활동  봉사활동<br>체력단련  문화활동 | | 100 | 12개월<br>기준 |
| 활동평가 | *종합평가 내역 - 최종 위원장 평가<br>자기 진단도구 작성점검 - 1점<br>Star Game 작성 점검 - 1점<br>우수 멘토선정 - 2점<br>우수 멘토링 쌍 선정 - 2점<br>모니터 및 매니저 설문 평가 - 2점<br>멘제의 설문 평가 - 5 | | 30 | 12개월<br>기준 |
| 종합인증 | | | 200 | |

Chapter 5
......................................
# 멘토링경영 생산성

조직개발 멘토링은 다이아몬드형 야구 Base와 같이 멘토링 활동이 이루어지면서 생산성 효과를 얻어내는 것을 의미한다. 아래 도표와 같이 홈~1루－신입단계(Getting) 멘토링, 1루~2루－성장단계(Growing) 멘토링, 2루~3루－전문단계(Keeping) 멘토링, 4루~홈－리더단계(Leadering) 멘토링으로 표시한다.

　　조직개발 멘토링은 먼저 인간관계를 활성화하여 상호 유익을 도모하고 일정기간 활동하는 동안에 목표 성공률을 높이기 위한 방법으로 과정(Process)마다 프로그램을 적용하고 있다.

　　특히 다이아몬드 조직개발 멘토링은 바로 구성원들의 활동과정에 적용하는 활동촉진 프로그램으로 멘토링 12가지 활동 목표를 향상시킴으로 조직의 생산성을 높이는 프로그램이다.

◁ **다이아몬드 조직개발 목적**

다이아몬드 조직개발 멘토링의 목적은 한 사람을 다이아몬드 보석처럼 귀하게 여기고 차세대 리더로 세우는 것을 목적으로 한다. 조직개발 멘토링에서 개인의 목표는 인간가치를 높이는 것이고 조직의 목표는 인재경쟁력을 확보하여 생산성 효과를 얻는 것이다.

◁ **다이아몬드 조직개발 적용구분**

다이아몬드 조직개발 멘토링을 적용함에 있어 개인 개발(Typical Mentoring Program)에 적용하는 방법과 조직개발(New Mentoring Program)에 적용하는 방법으로 나눠서 생각할 수 있다.

▲ 개인개발 경우(Typical Mentoring Program)－한 사람의 멘토가 한 사람인 멘제를 장기적으로 멘토링 활동을 한다고 볼 때 처음 만난 시점에서부터 신입단계 멘토링(Getting)∼성장단계 멘토링(Growing)∼전문단계 멘토링(Keeping)∼리더단계 멘토링(Leadering)으로 멘토링 활동하는 전(全) 코스를 개발단계로 삼는 것을 말한다.

▲ 조직개발 경우(New Mentoring Program)－현재의 조직 구성원을 신입단계 멘토링에 적용할 사람, 성장단계 멘토링에 적용할 사람, 전문단계 멘토링에 적용할 사람 그리고 리더단계 멘토링에 적용할 사람을 멘토와 멘제로 선발하여 종합적인 멘토링 활동을 추진하는 것을 말한다.

아무쪼록 조직개발 멘토링을 통하여 개인 가치개발과 조직의 생산성 효과에 보탬이 될 수 있는 자료로 활용되기를 바란다.

# 1절. 신입단계(Getting Mentoring)

신입단계 멘토링은 신입사원, 전입사원, 스카우트 사원을 대상으로 회사에 조속히 정착하도록 하여 회사 생활의 기초를 닦는 것을 목적으로 시행하는 단계다.

## 목표 1. 신입사원 정착 멘토링 프로그램

### 1) 멘토링 프로그램 기본이해

멘토링 프로그램이란 1 : 1 인재개발 기법으로서 기업의 집단교육, 학교의 평준화교육, 교회의 양적 성장전략 문제점을 보완할 수 있는 21세기 인재개발 및 조직의 생산성 효과를 얻을 수 있는 최적의 프로그램이다.

조직에서 멘토링 프로그램 도입은 사원 간에 인간관계의 폭을 넓혀 신입사원 정착률 향상, 핵심지도자 개발, 전문인력 양성, Slump사원 치유 등 인화단결의 바탕 위에 노사화합과 21세기 인적경쟁력을 확보하여 조직을 이끌 차세대 리더개발을 목적으로 한다.

특히 금번 멘토링 활동 목표를 '신입사원 정착률 향상'으로 설정한 이유는 당사의 신입사원 이직률이 25%로, 우려할 만한 수치에 이르고 있기 때문이다. 이는 신입사원과 기존사원 간 세대 차이, 기업문화 몰이해, 현장적응력 부족 등 문제점이 속출한 것이므로 이에 대안으로 멘토링 프로그램을 도입하여 기존의 신입사원 교육의 틀을 벗어나 새로운 방식으로 선배 멘토사원과 후배 멘제사원을 1 : 1로 연결하여 관계의 폭을 넓히고 정착률 향상에 좋은 실적을 거두고자 한다.

◀ 신입사원정착 프로그램 도입 다섯 가지 조건

○ Program명: 신입사원 정착률 향상
○ 활동기간: 12개월
○ 활동始終: 2007. 7. 1.~2008. 6. 30.
○ 멘제기준: 신입사원
○ 멘토기준: 기존사원

## 2) 신입사원 정착률 향상 멘토링 프로그램 도입 개요

### (1) Program 추진배경

■ 현재 우리 조직 사회는 20대 성인 초기에 진정으로 마음을 열고 대화 나눌 상대찾기를 꽤나 힘겨워하고 있는 실정이다. 학교를 갓 졸업하고 직장 초년병으로서 호기심과 두려움의 연속이라고 볼 수 있다.

■ 특히, 가정과 학교생활은 유달리 한국적인 학력우위 의식에서 수

년간을 자유분방한 생활이 지속되고 마침내 준비 없이 사회에 첫 발을 딛게 된다. 그러나 직장은 이러한 20대의 특수성을 감안하지 않고 길들이기 식의 신입사원교육이 이어져 와 이제는 새로운 틀인 1 : 1 멘토링 기법으로 고효율 저비용의 생산성 효과를 얻고자 한다.

### (2) Program 목적

- 신입사원 멘제에게 멘토를 연결하여 직장 생활에서 다양한 정보와 지식을 제공함으로 성장잠재력을 개발하고 나아가 자기개발의 기회를 제공한다.
- 회사에서 신입사원 멘제들이 겪는 심리적, 사회적, 정서적 문제에 대한 유경험자 멘토들의 조언과 함께 고민(Slump)을 풀 수 있는 자리를 마련해 준다.
- 신입사원 멘제들이 형님과 같은 멘토들과 교류기회를 확대하여 동료의식을 고취하고 신속한 적응을 유도하여 정착률을 향상시킨다.

# 2절. 성장단계(Growing Mentoring)

성장단계는 신입단계에서 조직 구성원으로서 무장하고 담당업무에 임하기 전에 앞으로 맡을 업무에 대하여 선배전문가에게 수습받는 단계다.

## 목표 2. OJT 업무숙달 멘토링 프로그램

### 1) 멘토링 프로그램 기본이해

멘토링 프로그램이란 1 : 1 인재개발 기법으로서 기업의 집단교육, 학교의 평준화교육, 교회의 양적 성장전략 문제점을 보완할 수 있는 21세기 인재개발 및 조직활성화를 기할 수 있는 최적의 프로그램이다.

조직에서 멘토링 프로그램 도입은 사원 간에 인간관계의 폭을 넓혀 신입사원 정착률 향상, OJT 업무숙달, 핵심인재개발, 전문인력 양성, Slump사원 치유 등 인화단결의 바탕 위에 노사화합과 21세기 인재 경쟁력을 확보하여 조직을 이끌 차세대 리더개발을 목적으로 한다.

특히 금번 멘토링 활동 목표(Project)를 'OJT업무숙달'로 설정한 이유는 그간 OJT가 정착되지 못하고 결국 고비용 저효율로 우려할 만한 수치에 이르고 있다. 그 이유는 1) 평소의 업무수행이 너무 바빠 OJT에 시간을 할애할 수 없다. 2) 부하의 육성, 지도의 중요성을 너무나 잘 알고 있으나 막상 그때가 되면 OJT의 진행방법을 알지 못한다 등으로 결국 신입 사원의 현장적응력 부족 등 문제점이 속출함으로 이에 대한 대안으로 멘토링 프로그램을 도입하여 기존의 타성에 젖은 OJT의 틀을 벗어나 원투원 멘토사원 / 멘제사원 연결로 업무를 조기 숙달하여 좋은 실적을 거두고자 한다.

◀ **OJT 멘토링 Program 도입 다섯 가지 조건**

> ○ Program명: OJT 업무숙달 멘토링
> ○ 활동기간: 12개월
> ○ 활동始終: 2007. 7. 1 ~ 2008. 6. 30.
> ○ 멘제기준: 신입사원
> ○ 멘토기준: 상급직사원

## 2) OJT업무숙달 멘토링 프로그램 도입 개요

### (1) Program 추진배경

■ 지금까지 OJT는 각 직장의 관리 감독자의 몫이었다. 그러나 OJT를 조직적으로 전개해 나가기 위해서는 우선 연수강사 또는 교육담당자가 OJT에 관해 충분히 이해하고 자기 회사에 합당한 추진 방법

을 침투시키는 적극적인 작용이 무엇보다도 중요하게 요구된다.

■ 특히 각 직장의 관리 감독자는 부하 육성을 위해 OJT의 중요성을 충분히 알고 있어도 상사나 부하 모두가 평소의 업무수행에 쫓기는 나머지 실제로 어떻게 해야 할지 구체적인 방법이 떠오르지 않는 것이 현실이다. 이제는 새로운 틀인 1:1 멘토링 기법으로 상급자 멘토와 신입사원 사이에 존경과 신뢰관계를 유지하면서 단기간 내 업무 숙달로 고효율 저비용의 효과를 얻고자 한다.

## (2) Program 목적

■ 신입사원 멘제에게 상급자 멘토를 연결하여 직장 생활에서 다양한 정보와 지식을 제공함으로 성장 잠재력을 개발하고 담당 업무 숙달의 기회를 제공한다.

■ 회사에서 신입사원 멘제들이 겪는 심리적, 사회적, 정서적 문제에 대한 유경험 상급자 멘토들의 조언과 함께 고민(Slump)을 풀 수 있는 자리를 마련해 준다.

■ 신입사원 멘제들이 형님과 같은 멘토들과 교류 기회를 확대하여 동료의식을 고취하고 신속한 적응을 유도하여 회사의 비전에 공감할 수 있도록 한다.

# 3절. 유지단계(Keeping Mentoring)

전문단계 멘토링은 조직에서 가장 중요한 단계다. 신입단계에서 입사한 사원들에 대한 유지관리하는 단계인데 각 조직마다 앞문이 열려 있고 뒷문도 열려 있다는, 즉 인사관리에 취약한 상태를 말한다. 신입단계에서 교육이다, 멘토링이다, 많은 비용을 투자하는데 막상 제대로 유지관리를 하지 못하기 때문에 좋은 인재를 놓치는 경우가 허다하다. 최근에는 좋은 인재는 놓치고 문제 사원만 남는다는 심각한 상황까지 이르고 있다. 그래서 멘토링에서는 아예 유지관리라는 소극적인 자세에서 '업무전문가'로 양성하는 멘토링 시스템을 적용하는 단계다. 특히 바람직스러운 것은 이 단계에서 일반전문가와 조직이 원하는 핵심업무 전문가를 구분하여 멘토링 프로그램을 적용한다면 더욱 효과적일 것으로 생각된다.

# 목표 3. 경력개발 멘토링 프로그램

## 1) 멘토링 프로그램 기본이해

### (1) 멘토링 프로그램이란?

1:1 인재개발 기법으로서 기업조직의 집체교육을 통해 달성할 수 있는 21세기 인재개발 및 조직활성화를 위한 최적의 인재개발 프로그램임.

### (2) 조직에서의 멘토링 프로그램 도입의 필요성

조직 구성원 상호간에 끈끈한 인간관계와 상호학습을 통해

1) 폭넓은 시야와 훌륭한 성품 그리고 조직성장에 필요한 역량을 확보하여
2) 향후 조직의 중추적인 인재가 될 수 있도록
3) 선후배 간의 1:1 교류와 인화단결로 Know-How를 전수하여,
4) 조직을 이끌어 갈 21세기 경쟁력 있는 인적자원을 확보하는 데 있음.

### (3) 경력개발 멘토링 활동 목표

1) 최소의 비용과 시간을 투입하여
2) 새로운 방식의 체계적인 프로그램으로 선배의 지도를 받아
3) 후배의 잠재력과 역량을 개발하여 개인의 성장욕구를 충족하고
4) 조직의 중견간부로 경력개발 및 인적자원 확보를 극대화시켜

5) 개인의 욕구와 조직의 욕구를 동시에 조화 및 충족게 하는 데 있음.

◀ 경력개발 멘토링프로그램 도입 다섯 가지 조건

> ○ Program명: 경력개발 멘토링
> ○ 활동기간: 12개월
> ○ 활동始終: 2007. 7. 1. ～ 2008. 6. 30.
> ○ 멘제기준: 후배사원(사원～대리)
> ○ 멘토기준: 선배사원(과장～부장)

## 2) 경력개발 멘토링 Program 도입 개요

### (1) Progrm 추진배경

■ 조직성장의 핵심역량과 경쟁력은 물적 자원보다는 인적자원에 더 많은 비중이 실려 있으나, 조직 구성원들은 자신의 업무에 쫓기다 보면 사실상 중요한 자신의 경력개발에 소홀해지기 쉬움.
이때 조직의 경험자인 선배가 인생의 상담자이자 후견인으로서 믿을 만한 프로그램에 의거하여 자신의 경력개발을 지도해 준다면 자신의 잠재능력 개발은 물론 조직과 인생에 있어서 성공을 이룰 수 있음.

■ 조직에서 인적자원에 대한 잠재능력 개발과 지속적인 성장을 할 수 있는 경력개발을 지원하는 것은 조직의 백년대계를 위한 매우 중요한 사안임.

■ 그런데 21세기의 가장 좋은 경력개발 프로그램은

1) 조직의 선배가 조직의 인사경영정책에 연계하여
2) 후배와 함께 경력개발을 설계하고
3) 체계적으로 가장 효과적인 코칭과 지도를 하는 것임
■ 바로 본 프로그램이
가장 체계적이며 효과적인 시스템으로 진행하는
경력개발 프로그램임.

## (2) Program 목적

1) 조직 구성원의 자아실현을 위한 효과적인 인생설계의 지도
2) 선배의 경력개발에서 배우는 자신의 경력개발 추진
3) 조직 내 선/후배 간의 끈끈한 우정과 인간관계 구축
4) 선배도 후배를 지도하면서 자신의 경력을 개발하며 상호 학습
5) 상호 아이디어 개발로 조직 업무 추진에 시너지효과를 창출
6) 조직의 목표에 대한 일체감 형성 및 직장생활의 질 향상

# 목표 4. 제품 품질향상 멘토링 프로그램

## 1) 멘토링 프로그램 기본이해

멘토링 프로그램이란 1:1 인재개발 기법으로서 기업의 집단교육, 학교의평준화교육, 교회의 양적 성장전략 문제점을 보완할 수 있는 21세기 인재개발 및 조직의 생산성을 확보할 수 있는 최적의 프로그램이다.

조직에서 멘토링 프로그램 도입은 사원 간 인간관계의 폭을 넓혀 신입사원 정착률 향상, 고질불량으로 인한 품질향상, 핵심지도자 개

발, 전문인력 양성, Slump사원 치유 등 인화단결의 바탕 위에 노사화합과 21세기 인적경쟁력을 확보하여 조직을 이끌 차세대 리더개발을 목적으로 한다.

금번 멘토링 활동 목표(Program)를 '품질향상'으로 설정한 이유는 국내 기업들은 품질관리 활동의 필요성은 느끼고 있지만, 정작 품질향상과 관련한 활동에는 소극적인 것으로 나타났다. 2003년 대한상의 '기업의 품질관리실태 및 개선방안 조사'에 따르면 78.5%가 품질관리 필요성을 인식하고 있었지만 47.9%가 어떠한 품질개선 활동도 하지 않고 있다고 답했다.

이 같은 결과는 "품질이 기업의 경쟁력을 좌우하는 중요한 요소라는 것은 기업들이 잘 알고 있지만, 품질관련 전문인력과 예산 확보의 어려움, 최고 경영자 및 임직원의 관심부족 등으로 실제 활동에 있어서는 소극적"이란 것을 알 수 있다. 향후 기술력과 고품질을 내세운 선진국과 가격 경쟁을 바탕으로 기술격차를 빠르게 좁혀 오는 중국 사이에서 우리나라 기업의 생존을 위해 품질 향상과 고객만족 경영을 획기적인 계기로 삼고자 한다.

**(1) Program 추진배경**

> ○ Program명: 품질향상 멘토링
> ○ 활동기간: 12개월
> ○ 활동始終: 2007. 7. 1.~2008. 6. 30.
> ○ 멘제기준: 제품 검사 및 품질관리 사원
> ○ 멘토기준: 품질관리 관리감독자

- 기업의 생존을 결정짓는 핵심요소인 품질관리에 대해 우리나라 기업들은 그 필요성은 인식하고 있지만 IMF 이후 급격한 구조조정과 구성원의 교육 부족으로 인해 품질관리 실천 방법에 있어서 어려움을 겪고 있다.
- 특히, 품질관리를 효과적으로 추진하기 위해서는 조직상의 모든 부문에 있는 기업 내의 모든 사람들이 참여하고, 행동하고, 지혜를 발휘할 필요가 있다.
  즉 전사적 품질관리가 행해지지 않으면 안 된다.

## (2) Program 목적

- 품질관리의 목적은 고객이 요구하는 품질(단순한 품질시방만이 아니라 제품의 기능, 수명, 사용의 경제성 및 안전성, 서비스 등을 포함한 광의의 품질을 말한다.)을 확보할 수 있도록 기업의 품질목표를 정하고 이것을 합리적이고 또한 경제적으로 달성하는 것이다.
  좀 더 단적으로 말하면 고객이 필요로 하는 품질의 물건이 적당한 가격으로 안전하게 고객의 수중에 들어가도록 계획하고 제조하고 판매하고 있는가를 살펴 그 목적이 달성되도록 노력해 나가는 것이다.

## 목표 5. 영업사원 스킬 향상 멘토링

### 1) 멘토링 프로그램 기본이해

> 「국내 기업에도 멘토(mentor)제 도입이 확산되고 있다.」
> [연합뉴스 2003.03. 24.]

> "본인이 멘토가 되고 싶거나 멘토를 필요로 하는 직원들의 신청을 받아
> 현재 25개 팀이 자율적으로 활동하고 있다. – 듀퐁코리아"
> [서울경제 2003. 01. 29.]

> "인재개발에 대한 오늘날 접근방식 – 높은 잠재력을 가진
> 모든 구성원에게 멘토가 있음."
> [맥킨지 컨설팅 著 「인재전쟁」 p.162]

21세기 인재개발 및 조직활성화를 할 수 있는 최적의 인재개발 도구로 세계적인 경영 컨설팅 업체 맥킨지 컨설팅은 '멘토링'을 꼽았다.

시대의 흐름은 멘토링이다. 1 : 1 인재개발 기법으로 기업조직의 조직역량을 한 단계 업그레이드시킬 수 있는 방법이 바로 '멘토링 종합프로그램'이다.

기업조직에서 멘토링 프로그램 도입은 사원 간에 인간관계의 폭을 넓혀 신입사원 정착률 향상을 기할 수 있고, 핵심인재를 육성하며, 각 분야 전문 인력을 양성하고, Slump사원 치유와 여성인력 개발,

영업능력이 부족한 영업사원의 세일즈 능력 향상 등 인화단결의 바탕 위에 노사화합과 21세기 인적 경쟁력을 확보하여 조직을 이끌 기업의 각 분야 차세대 리더 육성 및 개발을 목적으로 하고 있다.

특히 금번 멘토링 활동 목표(Program)는 '영업사원의 영업스킬(세일즈 기법)향상'으로 설정하였다.

이는 국내 자동차 구매자 패턴의 급격한 변화와 국내시장 개방으로 더욱 치열해지는 자동차 판매경쟁 속에서 제대로 된 영업사원의 부재는 곧 회사의 존망과 직결되는 문제임을 인지하고 전략적 사고에 의한 보다 체계적이고 과학적인 영업활동을 위해 기존 영업사원의 영업능력을 배가시켜 회사의 판매력을 극대화시킬 수 있는 방법으로서 멘토링 종합프로그램 도입을 제안하는 것이다.

영업 분야에서 특출한 실적을 내고 있는 우수한 영업사원의 노하우를 그대로 전달케 할 수 있도록 멘토링을 통해 실현하고자 한다.

○ Program명: 영업사원 스킬향상 멘토링
○ 활동기간: 12개월
○ 활동始終: 2007. 7. 1. ~ 2008. 6. 30.
○ 멘제기준: 영업부 신입사원
              (또는 영업부 전입 6개월 미만인 자)
○ 멘토기준: 영업부 경력 5년 이상인 자

## 2) 영업사원 세일즈 스킬 향상 멘토링 Program 도입 개요

### (1) Program 추진배경

■ 점점 치열해지고 있는 자동차 판매시장에서 가장 중요한 위치를 차지하는 영업사원. 영업사원으로서의 기본자세와 임무, 고객과 거래처의 개척에서 관리까지 철저하게 현장에서 그 기법을 생동감 있게 배울 수 있게 하는 것이 멘토링 프로그램 도입의 목적이다.

■ 영업사원의 영업활동은 창의적인 활동이다. 그러므로 영업사원은 고객과 거래처를 통해 판매목표를 달성하고 자신의 성장을 추구하는 전문인이어야 한다. 따라서 유능하고 우수한 영업사원이 되기 위해서는 적극적인 개척정신, 고객지향적인 사고 그리고 판매기법을 완전히 숙지하고 효율적인 행동관리기술까지 보유해야 한다. 이러한 실제 영업활동 중에 전개되는 당면한 사례들에 대해서 현장에서 5년 이상 경험을 쌓은 최고 경력의 우수한 멘토들이 멘제를 1:1로 지도한다면 회사의 장래는 밝을 수밖에 없을 것이다.

■ 관리부서에서 근무하다가 나름대로의 소신을 갖고 영업부서로 전입해 온 직원. 하지만 그들은 신입사원도 아니고 영업직원도 아닌 상태. 이들에게 젖어 있는 매너리즘과 사고방식을 완전히 뜯어내고 영업활동에 진지하게 임할 수 있도록 하고자 한다면 1:1의 멘토링 현장 학습만이 해답이 될 수 있을 것이다.

## (2) Program 목적

- 신입 영업사원 멘제에게 영업력이 우수한 리더 멘토를 연결하여 효과적인 고객관리와 고객만족 기법, 상담기법 등을 현장에서 체험하게 함으로써 멘제에 맞는 효과적인 스킬 개발이 가능하여 우수한 영업사원으로 거듭날 수 있도록 한다.
- 멘토들은 부하직원을 지도육성함으로써 개인은 물론 팀 매출목표 달성에 기여하게 되고, 멘제들을 영업현장에서 지도해 줄 수 있어 효과적인 영업력 강화가 가능하다.
- 신입 영업사원 멘제들이 형님과 같은 멘토들과의 교류를 통해 동료의식을 고취하고 신속한 적응을 유도하여 정착률을 향상시킨다.
- 멘토들은 부하 영업사원의 영업스킬을 OJT할 수 있는 지도력을 향상시킨다.
- 타 부서에서 전입해 온 기존 직원들이 쉽게 적응할 수 있도록 돕는다.

# 목표 6. 서비스사원 스킬향상 멘토링 프로그램

## 1) 프로그램개요

멘토링 프로그램이란 1 : 1 인재개발 기법으로서 기업의 집단교육, 학교의 평준화교육, 교회의 양적 성장전략 문제점을 보완할 수 있는 21세기 인재개발 및 조직활성화를 기할 수 있는 최적의 프로그램이다.

조직에서 멘토링 프로그램 도입은 사원 간에 인간관계의 폭을 넓혀 신입사원 정착률 향상, 핵심지도자 개발, 전문인력 양성, Slump사원 치유, 서비스사원가치개발 등 인화단결의 바탕 위에 노사화합과

21세기 인적 경쟁력을 확보하여 조직을 이끌 차세대 리더개발을 목적으로 한다.

특히 금번 멘토링 활동 목표(Program)를 '서비스원 가치개발'로 설정한 이유는 해가 갈수록 서비스부문 비중이 커져 가고 있기 때문이며 현재 스킬업(Skill Up)적인 사원 교육이 고비용 저효율이라고 판단되기 때문이다. 멘토링 프로그램을 도입하여 기존의 서비스교육의 틀을 벗어나 새로운 방식으로 선배 멘토사원과 후배 멘제사원을 1:1로 연결하여 커뮤니케이션 능력 개발과 공통의 가치관 공유에 좋은 실적을 거두고자 한다. 특히 저비용 고효율의 목표를 충분히 거둘 수 있다는 점도 도입의 이유로 들 수 있다.

또한 서비스사원의 가치개발의 효과는 개인적으로는 업무능률을 향상시키고 기업에서는 사원과 고객에 대한 한 차원 높은 서비스를 제공하여 인적 경쟁력을 통하여 높은 성과(High Performance)를 얻을 수 있기 때문이다.


**◀ 서비스사원 스킬향상 프로그램 도입 다섯 가지 조건**

Project명: 서비스사원 가치개발 멘토링
활동기간: 12개월
활동始終: 2007. 7. 1. ～ 2008. 6. 30.
멘제기준: 후배사원(사원～대리)
멘토기준: 선배사원(과장～부장)

## 2) 서비스사원 스킬 향상 멘토링 프로그램 도입 개요

### (1) Program 추진배경

오늘날 기업의 생존경쟁은 정보화, 세계화 등 환경적 요인의 급속한 변화에 대처하는 능력에 좌우되고 있다. 이러한 환경적 요인의 변화는 고객지향적, 종업원지향적인 인본중시의 경영으로 기업의 관리기능이나 관리방식, 전략수행의 방향을 변화시키고 있다.

서비스산업에서 서비스의 품질을 향상시킴으로써 기업의 경쟁력을 높이려는 노력을 기울이고 있다. 서비스품질을 통한 품질향상으로 경쟁력을 확보해야만 고객으로부터 외면당하지 않고 시장에서의 우위를 지킬 수 있는 서비스 품질의 경쟁시대를 맞게 되었다, 기업의 경쟁과 관련하여 서비스와 그 품질문제가 중요하게 제기되는 데에는 다음의 몇 가지 이유를 통해 알 수 있다.

첫째, 서비스에 대한 정의가 달라지고 있다. 기업의 수익성을 확대하고 경쟁력을 높이기 위해 서비스는 경제활동의 대상으로서 그리고 재화로서의 가치를 지니게 되며 아울러 서비스와 품질의 중요성이 강조되고 있다.

둘째, 서비스의 기능과 영역이 확대되고 있다. 서비스 부문의 성장은 기업체 수, 매출액, 종업원 규모 등 면에서도, 경제적 지표들의 증가추세를 통해서도 알 수 있다.

셋째, 서비스는 기업경쟁력의 원천이 되고 있다. 제품이나 제조기술이 고도로 발달된 오늘날의 기업경쟁력은 누가 먼저, 가장 확실하게 고객을 만족시키는가에 달려 있다. 고객만족을 지향하는 서비스기업에서 양질의 서비스상품을 확보하는 것은 곧 기업의 성공을 실현하는 것을 의미한다.

지금의 서비스는 기업의 수익성과 더불어 내적인 고객만족과 외적인 고객만족을 동시에 이루어야 발전할 수 있는 다익성을 추구해야 할 상황이다.


**(2) Program 목적**
* 서비스 정보와 서비스 기술 및 지식 습득 능력 향상
* 커뮤니케이션 능력 개발
* 공통의 가치관, 경험의 공유(멘토와 멘제가 서로 겪었던 어려움을 자연스런 이야기로 전개가능
* 서비스 분야의 전문가로 성장, 현장 리더십 개발
* 서비스 리더십이나 서비스 능력개발분야뿐 아니라 특정기능분야(인사, 재무, 마케팅, 고객만족경영서비스 등) 다양한 스킬 개발 가능
* 자기가치 업그레이드, 서비스관리 수준 향상능력 배양

## 목표 7. 독서 인재개발 멘토링 프로그램

### 1) 멘토링 프로그램 기본이해

멘토링 프로그램이란 1 : 1 인재개발 기법으로서 기업의 집단교육, 학교의 평준화교육, 교회의 양적 성장전략 문제점을 보완할 수 있는 21세기 인재개발 및 조직활성화를 기할 수 있는 최적의 프로그램이다.

조직에서 멘토링 프로그램 도입은 사원 간에 인간관계의 폭을 넓혀 신입사원 정착률 향상, 핵심지도자 개발, 전문인력 양성, Slump사원 치유 등 인화단결의 바탕 위에 노사화합과 21세기 인적 경쟁력을 확보하여 조직을 이끌 차세대 리더개발을 목적으로 한다.

특히 금번 멘토링 활동 목표(Program)를 '독서인재개발'로 설정한 이유는 최소의 비용과 시간투입에 의한 지식경영시대 최상의 차세대 지도자 양성 방안이라고 판단되기 때문이다. 멘토링 프로그램을 도입하여 기존의 독서통신교육의 틀을 벗어나 새로운 방식으로 선배 멘토사원과 후배 멘제사원을 1:1로 연결하여 커뮤니케이션 능력 개발과 공통의 가치관 공유에 좋은 실적을 거두고자 한다.

> ○ Project명: 독서인재개발 멘토링
> ○ 활동기간: 12개월
> ○ 활동始終: 2007. 7. 1.～2008. 6. 30.
> ○ 멘제기준: 후배사원(사원～대리)
> ○ 멘토기준: 선배사원(과장～부장)

## 2) 독서 인재개발 멘토링 Program 도입 개요

### (1) Program 추진배경

■ 21세기 사회는 정보와 지식이 대량으로 생산, 유통되는 지식정보화 사회이다. 지식정보화사회의 지식과 정보의 특징은 (1) 정보와 지식의 멀티미디어화[정보지식저장매체], (2) 정보지식생산자의 '누

구나'화[생산자], (3) 생산, 유통의 글로벌화[생성 및 전파지역], (4) 정보지식수명의 단축[과학기술 발달 속도의 가속화] 등으로, 업종을 막론하고 차세대 기업지도자는 정보와 지식의 홍수시대에 필요한 정보지식을 판별, 선택, 해독하여 본인의 과업 수행에 활용할 줄 아는 능력이 매우 중요하다.

■ 독서능력의 중요성은, 4대 언어능력(communication skills) 중 읽기(READING)가 다른 세 가지 능력의 기초가 되는 점으로 볼 때, 아무리 강조해도 지나치지 않으며, 유능한 지도자는 의사소통능력이 뛰어나지 않으면 안 된다.

■ 독서에 의한 인재개발 멘토링은 최소한의 비용과 시간에 의하여 새로운 지식정보를 입수, 이해, 습득하는 능력과 1:1 토의에 의해 사고력과 창의력을 개발할 수 있는 최상의 방법이다.


## (2) Program 목적

* 정보와 지식 습득 능력 향상
* 커뮤니케이션 능력 개발
* 공통의 가치관, 경험의 공유(멘토와 멘제가 같은 책을 읽고 토의함으로써)
* 리더십이나 인성개발분야뿐 아니라 특정기능분야(인사, 재무, 마케팅, 생산관리 등)의 능력개발 독서 멘토링도 가능

## 목표 8. 여성인재개발 멘토링 프로그램

### 1) 멘토링 프로그램 기본이해

멘토링 프로그램이란 1:1 인재개발 기법으로서 기업의 집단교육, 학교의 평준화교육, 교회의 양적 성장전략 문제점을 보완할 수 있는 21세기 인재개발 및 조직활성화를 기할 수 있는 최적의 프로그램이다.

조직에서 멘토링 프로그램 도입은 사원 간에 인간관계의 폭을 넓혀 신입사원 정착률 향상, 핵심지도자 개발, 전문인력 양성, Slump사원 치유 등 인화단결의 바탕 위에 노사화합과 21세기 인적경쟁력을 확보하여 조직을 이끌 차세대 리더개발을 목적으로 한다.

특히 금번 멘토링 활동 목표(Project)를 '여성사원개발'로 설정한 이유는 여성사원이 남자사원에 비해 상대적으로 개발이 뒤지고 있다는 점을 감안하여 1:1 멘토링 프로그램으로 기존의 여성교육의 틀을 벗어나 새로운 의식에서 리더여성이 후배여성에게 힘을 실어 줌으로 여성사원개발의 획기적인 계기를 삼고자 한다.

> ○ Program명: 여성사원개발 멘토링
> ○ 활동기간: 12개월
> ○ 활동始終: 2007. 7. 1.~2008. 6. 30.
> ○ 멘제기준: 연소여성
> ○ 멘토기준: 연장여성

## 2) 여성개발 멘토링 Program 도입 개요

### (1) Program 추진배경

- 우리 조직사회에서는 과거에 비해 여성들의 활동이 활발해지고 있기는 하나 아직까지도 기업 및 공직 등에서 여성의 고위직 진출 비율이 매우 낮다.
- 특히, 여성들의 지도대상이 남성에 비해 턱없이 부족하여 새로운 길을 가고자 하는 여성들이 어떻게 그 길을 가야 할지 막막해하는 경우가 많음을 알 수 있다. 이러한 후배여성들에게 먼저 그 길을 간 선배여성들을 1:1로 연결시켜 줌으로써 시행착오를 줄여 주고 리더로서 성공할 수 있도록 함에 있다.

### (2) Program 목적

- 여성들에게 직업의식을 고취시키고 직장 생활에서 다양한 정보와 지식을 제공하여 각 분야에 전문직으로 진출할 수 있도록 다양한 분야의 멘토와 연결해 준다.
- 회사에서 젊은 여성들이 겪는 심리적, 사회적, 정서적 문제에 대한 유경험자 멘토들의 조언과 함께 고민(Slump)을 풀 수 있는 자리를 마련해 준다.
- 회사에서 젊은 여성들이 지도자급 여성 멘토들과 교류할 수 있는 기회를 확대하고 다양한 리더십 경험을 공유하도록 하고 리더로 성장하는 데 기회를 제공한다.

# 목표 9. 지식 기술력향상 멘토링 프로그램

## 1) 멘토링 프로그램 기본이해

### (1) 멘토링 프로그램이란?
1 : 1 핵심인재개발 기법으로서 기업조직의 집체교육을 보완하
21세기 인재경쟁력을 확보할 수 있는 최적의 조직혁신 프로그램임.

### (2) 조직에서의 멘토링 프로그램 도입의 필요성
조직 구성원 상호간에 끈끈한 인간관계와 상호학습을 통해
1) 폭넓은 시야와 훌륭한 성품 그리고 조직성장에 필요한 기술 역
   량을 확보하여
2) 향후 조직의 중추적인 핵심 기술 리더인재가 될 수 있도록
3) 선후배 간의 1 : 1 교류와 인화단결로 기술력을 전수하여,
4) 조직을 이끌어갈 21세기 경쟁력 있는 기술 리더를 확보하는 데 있음.

### (3) 지식 기술력향상 멘토링 활동 목표
1) 최소의 비용과 시간을 투입하여 기대 효과를 얻을 수 있고
2) 1 : 1 방식의 체계적인 프로그램으로 기술력 있는 선배의 지도를 받아
3) 후배의 잠재력과 기술력을 개발하여 개인의 성장욕구를 충족하고
4) 조직의 기술력을 향상하여 기술 리더를 확보함으로써
5) 조직에 경쟁력을 확보할 수 있는 기술 리더를 양성하는 데 있음.

> ○ Program명: 지식, 기술력 향상 멘토링
> ○ 활동기간: 12개월
> ○ 활동始終: 2007. 7. 1. ～ 2008. 6. 30.
> ○ 멘제기준: 기술이 미숙한 사원
> ○ 멘토기준: 기술력 및 전문성을 갖춘 사원

## 2) 지식 기술력향상 멘토링 Program 도입 개요

### (1) Progrm 추진배경

- 조직성장의 핵심역량과 경쟁력은 물적 자원보다는 인적자원에 더 많은 비중이 실려 있으나, 조직 구성원들은 자신의 업무에 쫓기다 보면 사실상 중요한 자신의 조직을 위한 기술력 개발에 소홀해지기 쉬움.
- 이때 조직의 경험자인 선배가 인생의 상담자이자 후견인으로서 믿을 만한 프로그램에 의거하여 자신의 기술력 개발을 조언해 준다면 자신의 잠재능력 개발은 물론 조직 기술 경쟁력 확보와 인생에 있어서 성공을 이룰 수 있음.
- 조직에서 인적자원에 대한 기술력 개발과 중간지도자로 성장을 할 수 있는 리더십개발을 지원하는 것은 조직의 백년대계를 위한 매우 중요한 사안임.
- 그런데 21세기의 가장 좋은 기술인재개발 프로그램은
    1) 조직의 간부나 임원이 조직의 인사경영정책에 연계하여
    2) 후배와 함께 기술력개발을 설계하고
    3) 체계적으로 가장 효과적인 원투원 프로그램으로 지도를 하는 것임.
- 바로 본 프로그램이

가장 체계적이며 효과적인 시스템으로 진행하는
기술인재개발 프로그램임.

## (2) Program 목적

1) 조직의 리더로 자아실현을 위한 효과적인 인생설계의 지도
2) 선배의 역량발휘에서 배우는 자신의 기술력개발 추진
3) 조직 내 선/후배 간의 끈끈한 우정과 인간관계 구축
4) 선배도 후배를 지도하면서 자신의 기술을 개발하며 상호 학습
5) 상호 아이디어 개발로 조직 업무 추진에 시너지효과를 창출
6) 조직의 목표에 대한 일체감 형성 및 기술리더로서 자질 향상

# 목표 10. 노사화합 촉진 멘토링 프로그램

## 1) 멘토링 프로그램 기본이해

### (1) 멘토링 프로그램이란?

1:1 인재개발 기법으로서 기업 조직의 공동체 구축을 이룩하고
21세기 인재경쟁력을 확보할 수 있는 최적의 조직혁신 프로그램임.

### (2) 조직에서의 멘토링 프로그램 도입의 필요성

조직 구성원 상호간에 끈끈한 인간관계와 상호학습을 통해
1) 폭넓은 시야와 훌륭한 성품 그리고 조직성장에 필요한 역량을
   확보하여

2) 향후 조직의 중추적인 중간 리더인재가 될 수 있도록

3) 선후배 간의 1 : 1 교류와 인화단결로 Know-How를 전수하여,

4) 조직을 이끌어 갈 21세기 경쟁력 있는 인재를 확보하는 데 있음.

### (3) 노사화합 촉진 멘토링 활동 목표

1) 최소의 비용과 시간을 투입하여 기대 효과를 얻을 수 있고

2) 1 : 1 방식의 체계적인 프로그램으로 선배의 지도를 받아

3) 후배의 잠재력과 역량을 개발하여 개인의 성장욕구를 충족하고

4) 조직의 중간간부로 인재개발 및 인적자원 확보를 극대화시켜

5) 조직에 단결력을 확보할 수 있는 화목한 리더를 양성하는 데 있음.

> ○ Program명: 노사화합촉진 멘토링
> ○ 활동기간: 12개월
> ○ 활동始終: 2007. 7. 1. ~ 2008. 6. 30.
> ○ 멘제기준: Slump사원
> ○ 멘토기준: 우수 및 모범사원

## 2) 노사화합촉진 멘토링 Program 도입 개요

### (1) Program 추진배경

■ 조직성장의 핵심역량과 경쟁력은 물적 자원보다는 인적자원에 더 많은 비중이 실려 있으나, 조직 구성원들은 자신의 업무에 쫓기

다 보면 사실상 중요한 자신의 조직을 위한 화목한 분위기조성에
소홀해지기 쉬움.

■ 이때 조직의 경험자인 간부가 인생의 상담자이자 후견인으로서
  믿을 만한 프로그램에 의거하여 자신의 인생문재를 조언해 준다
  면 자신의 잠재능력 개발은 물론 조직의 화목한 분위기 조성과
  인생에 있어서 성공을 이룰 수 있음.

■ 조직에서 인적자원에 대한 잠재력 개발과 리더인재로 성장을 할
  수 있는 분위기 조성을 지원하는 것은 조직의 백년대계를 위한
  매우 중요한 사안임.

■ 그런데 21세기의 가장 좋은 조직의 화목한 분위기 조성 프로그램은
  1) 조직의 간부나 임원이 조직의 인사경영 정책에 연계하여
  2) 후배와 함께 인생문제를 설계하고
  3) 체계적으로 가장 효과적인 원투원 프로그램으로 지도를 하는 것임.

■ 바로 본 프로그램이
  가장 체계적이며 효과적인 시스템으로 진행하는
  노사화합 촉진 프로그램임.


## 2. Program 목적

1) 조직의 리더로 자아실현을 위한 효과적인 인생설계의 지도
2) 선배의 역량발휘에서 배우는 자신의 리더십개발 추진
3) 조직 내 선/후배 간의 끈끈한 우정과 인간관계 구축
4) 선배도 후배를 지도하면서 자신의 리더십을 개발하며 상호 학습
5) 상호 아이디어 개발로 조직 업무 추진에 시너지효과를 창출
6) 조직의 목표에 대한 일체감 형성 및 노사화합 촉진을 향상

# 4절. 리더단계(Leadering Mentoring)

리더단계 멘토링은 야구의 홈인선수를 생각하면 된다. 첫째는 소수 인원이라는 것과 두 번째는 라운딩할 때 전 시스템이 잘 해 주어야 성공할 수 있다는 것이다. 한 사람만 잘 해 가지고는 성공 확률이 극히 낮다는 것이다. 국내 조직의 문제는 바로 리더단계인 핵심인재를 양성하는 시스템이 미약하다는 것이다. 그 이유는 상위직으로 갈수록 오너 경영체제에서 비공개적으로 리더 격 인재가 선발되기 때문으로 볼 수 있다. 해외에서는 전문경영인 체제가 제대로 되어 있기 때문에 공정하고 경쟁적인 시스템에 의해서 우수한 인재가 선발되어 조직이 CEO나 주요 임원이 바뀌더라도 큰 문제없이 운영되고 있다. 바로 GE나 월마트 등 핵심인재개발 시스템은 정규 교육시스템과 멘토링이라는 특수개발시스템이 조화를 이루어 성공적으로 리더 개발을 하고 있는 것이다.

# 목표 11. 핵심인재 개발 멘토링 프로그램

## 1) 멘토링 프로그램 기본이해

### (1) 멘토링 프로그램이란?

1 : 1 핵심인재개발 기법으로서 기업조직의 집체교육을 보완하고
21세기 인재경쟁력을 확보할 수 있는 최적의 조직혁신 프로그램임.

### (2) 조직에서의 멘토링 프로그램 도입의 필요성

조직 구성원 상호간에 끈끈한 인간관계와 상호학습을 통해
1) 폭넓은 시야와 훌륭한 성품 그리고 조직성장에 필요한 역량을
　 확보하여
2) 향후 조직의 중추적인 핵심 리더인재가 될 수 있도록
3) 선후배 간의 1 : 1 교류와 인화단결로 Know－How를 전수하여,
4) 조직을 이끌어 갈 21세기 경쟁력 있는 리더를 확보하는 데 있음.

### (3) 핵심인재개발 멘토링 활동 목표

1) 최소의 비용과 시간을 투입하여 기대 효과를 얻을 수 있고
2) 1 : 1 방식의 체계적인 프로그램으로 선배의 지도를 받아
3) 후배의 잠재력과 역량을 개발하여 개인의 성장욕구를 충족하고
4) 조직의 핵심간부로 인재개발 및 인적자원 확보를 극대화시켜
5) 조직경영에 경쟁력을 확보할 수 있는 핵심리더를 양성하는 데
　 있음.

> ○ Program명: 핵심인재개발 멘토링
> ○ 활동기간: 12개월
> ○ 활동始終: 2007. 7. 1.~2008. 6. 30.
> ○ 멘제기준: 후배사원(과장~신임부장)
> ○ 멘토기준: 선배사원(고참부장~임원)

## 2) 핵심인재개발 멘토링 Program 도입 개요

### (1) Program 추진배경

- 조직성장의 핵심역량과 경쟁력은 물적 자원보다는 인적자원에 더 많은 비중이 실려 있으나, 조직 구성원들은 자신의 업무에 쫓기다 보면 사실상 중요한 자신의 조직을 위한 리더십개발에 소홀해지기 쉬움.
  이때 조직의 경험자인 간부가 인생의 상담자이자 후견인으로서 믿을 만한 프로그램에 의거하여 자신의 리더십개발을 조언해 준다면 자신의 잠재능력 개발은 물론 조직 인재경쟁력 확보와 인생에 있어서 성공을 이룰 수 있음.
- 조직에서 인적자원에 대한 잠재력 개발과 핵심인재로 성장을 할 수 있는 리더십개발을 지원하는 것은 조직의 백년대계를 위한 매우 중요한 사안임.
- 그런데 21세기의 가장 좋은 핵심인재개발 프로그램은
  1) 조직의 간부나 임원이 조직의 인사경영정책에 연계하여
  2) 후배와 함께 리더십개발을 설계하고
  3) 체계적으로 가장 효과적인 원투원 프로그램으로 지도를 하는 것임.
- 바로 본 프로그램이

가장 체계적이며 효과적인 시스템으로 진행하는
핵심인재개발 프로그램임.

## (2) Program 목적

1) 조직의 리더로 자아실현을 위한 효과적인 인생설계의 지도
2) 선배의 역량발휘에서 배우는 자신의 리더십개발 추진
3) 조직 내 선/후배 간의 끈끈한 우정과 인간관계 구축
4) 선배도 후배를 지도하면서 자신의 리더십을 개발하며 상호 학습
5) 상호 아이디어 개발로 조직 업무 추진에 시너지효과를 창출
6) 조직의 목표에 대한 일체감 형성 및 핵심리더로서 질 향상

# 목표 12. 협력업체 경영지원 멘토링 프로그램

## 1) 멘토링 프로그램 기본이해

### (1) 멘토링 프로그램이란?

1:1 인재개발 기법으로서 기업의 집단교육, 학교의 평준화교육, 교회의 양적 성장전략 문제점, 경영의 노하우가 부족한 창업 경영자들의 문제점 등을 보완할 수 있는 21세기 인재개발 및 핵심역량의 인간적인 전수, 조직활성화를 기할 수 있는 최적의 인재재발(조직혁신) 프로그램이다.

**(2) 경영자 지원 측면에서의 멘토링 프로그램 도입의 필요성**

경영인의 선후배 상호간에 끈끈한 인간관계와 상호학습을 통해

1) 폭넓은 시야와 훌륭한 성품, 기업운영 및 성장에 필요한 역량을 확보하고

2) 향후 사회의 역량 있는 리더로 성장할 수 있도록

3) 선후배 간의 인간적인 1:1 교류로서 경영 제반의 Know-How를 전수하고,

4) 기업을 이끌어 갈 21세기 경쟁력 있는 전문 경영인을 확보하는 데 있음.


**(3) 경영자 지원 멘토링 활동 목표**

1) 최소의 비용과 시간을 투입하여

2) 새로운 방식의 체계적인 프로그램으로 멘토의 지도를 받아

3) 멘제의 잠재력과 역량을 개발하여 기업의 경영기반을 확고히 하는 데 도움 주고

4) 역량 갖춘 경영인의 비전과 창의력, 인적자원 확보 등을 극대화시켜

5) 기업의 수익과 가치향상, CEO멘토십을 동시에 조화 및 충족게 하는 데 있음.

○ Program명: 협력업체 경영지원 멘토링
○ 활동기간: 12개월
○ 활동始終: 2007. 7. 1.~2008. 6. 30.
○ 멘제기준: 창업자 or 경영이 미숙한 자
○ 멘토기준: 경영 노하우가 뛰어난 CEO 및
경영 제 분야 전문가

## 2) 경영자 지원 멘토링 Program 도입 개요

### (1) Program 추진배경

■ 기업의 CEO로서 경영 제반의 역량과 경영SKILL 함양은 기업의
직접적인 수익과 기업의 가치를 향상시키는 데 큰 비중을 차지하
고 있으나 창업한 지 얼마 되지 않은 CEO나 경영이 미숙한
CEO들은 바쁜 업무 일정에 쫓기다 보면 사실상 기업의 경영 기
반을 다지는 데 중요한 역량 개발에 소홀해지기 쉬움.
이때 기업운영의 경험자인 선배가 인생의 상담자이자 후견인으로
서 믿을 만한 프로그램에 의거하여 자신의 경영노하우를 지도해
준다면 멘토 자신의 사회발전에 기여하는 충만한 인생설계와 멘
제의 성공을 동시에 이룰 수 있음.
■ 국제 경쟁력을 갖춘 기업 상호 간의 발전을 위한 CEO의 리더십
겸비 및 기업의 재무구조와 경영 제반의 SKILL 함양을 전수, 지원
하는 것은 기업 및 국가의 백년대계를 위한 매우 중요한 사안임.
■ 21세기의 가장 좋은 경영자 지원 멘토링 프로그램은
1) 기업경영 제반의 선배가 중소기업청과 연계하여
2) 후배와 함께 국제경제 환경에 능동적으로 대처하는 경쟁력 갖
춘 기업으로 성장할 수 있는 노하우를 함께 설계하고

3) 체계적으로 가장 효과적인 코칭과 지도를 하는 것임.
■ 바로 본 프로그램이
가장 체계적이며 효과적인 시스템으로 진행하는
경영자 지원 프로그램임.

## (2) Program 목적

1) 역동하는 사회 변화에 탄력적인 대응력을 갖춘 실질적인 수익 구조 다짐
2) 선배의 기업경영 노하우에서 배우는 자사에 맞는 경영노하우 개발 추진
3) 경영인의 선/후배 간의 끈끈한 우정과 HUMAN NETWORK 구축
4) 선배도 후배를 지도하면서 자신의 역량을 심층 개발 및 상호 학습 효과
5) 상호 아이디어 개발로 기업경영의 창의력발휘에 시너지효과를 창출
6) 후배의 역량 있는 차세대 리더로의 성장과 선배의 사회기여라는 자기실현

# Chapter 6

· · · · · · · · · · · · · · · · · · · · · · · · · · ·

# 멘토링 Q&A

멘토링이 국내에 들어온 지는 30여 년 된다. 기독교 네비게이토 선교사를 통해 1 : 1 제자훈련이나 10명 단위로 관리하는 순장제도가 한 예로 들 수 있다. 학계에는 특히 북미 쪽에 학위관계로 유학했던 교수급들이 외국에서 멘토(Mentor)라는 색다른 체험을 직접하고 귀국하여 개인적인 체험을 살려 학생들에게 부분적으로 적용하게 되었다.

멘토링이 체계적인 프로그램으로 소개된 것은 저자에 의하여 (1998. 2. 1. 멘토링코리아 설립) 제도적 멘토링 프로그램 개발되면서 아울러 2000년대에 들어서 맥킨지컨설팅, 포춘지. GE그룹 등 성공사례가 소개되어 2003년을 기점으로 크게 확장되었다.

멘토링이라는 공식적인 호칭은 사용하지 않았지만 실제적으로 멘토링 사례가 특히 드라마분야에서 대장금, 동의보감 허준, 상도 등을 통하여 긍정적으로 소개되면서 도입붐이 일어나 조직마다 체계적인 프로그램을 요구하게 된 것이다.

그동안 저자는 국내외 멘토링 자료를 꾸준히 수집하고 교육교재로 개발하고 대외적으로 기고한 원고 등을 수집하여 "멘토링 인간경영 총서 10권"을 출간하고 아울러 홈페이지, 전화, 이메일을 통하여 수많은 질문에 응답을 해 주었다.

금번 저자에게 접수된 질의 응답한 내용 중에서 16가지를 그리고 밥빌 박사(Bobb Biehl 美 멘토링학자)의 질의응답 자료 21건을 참고자료로 소개한다.

# 1절. 일반적인 Q & A
Ans: MGI(美) Bobb Biehl 박사

　　당신이 멘토가 되거나 멘토를 구하는 것을 방해하는 것은 무엇인지 솔직하게 말해 보라. 나는 해마다 말 그대로 수백 명의 사람들의 멘토링에 대하여 이야기를 나누면서, 대다수의 사람들이 사소한 고민거리, 자연스러운 두려움 혹은 별로 타당치 않은 생각 때문에 멘토링을 미루고 있다는 것을 알았다. 이와 같이 사소한 문제들은 성숙하고 능력 있는 사람들이 멘토링의 첫 번째 단계에 다가서지 못하도록 방해한다. 약간의 실용적인 지식은 사람들로 하여금 지난날의 고민거리에서 벗어나도록 도와줄 것이다.

　　나는 당신이 두려움이나 의심으로 인하여 멘토나 멘제와의 순수하고 만족스러운 관계를 추구하지 못하게 되는 것을 원치 않는다. 만일 내가 당신의 멘토 가운데 한 사람이라면, 나는 무엇이든 자유롭게 나에게 질문하라고 당신에게 말하겠다. 나는 당신이 될 수 없으므로, 내가 자주 받았던 질문들을 함께 나누고 그에 대한 대답을 당신에게 제시해 주고자 한다.

## 1. 누가 누구에게 요청하는가?

이런 질문을 하는 사람들은 정말로 의아하게 생각하고 있다. 멘토가 멘제에게 요청하는 것인가, 아니면 멘제가 도와줄 것을 제의함으로써 첫 단계를 시작하는 것이 이상적인가. 이상적으로는, 멘토가 멘제를 찾고, 선택하고, 접근하는 것이다. 왜냐하면 멘토는 관심과 흥미와 격려의 삶을 살고자 하기 때문이다. 그것이 주된 요소이다.

현실적으로는, 멘제가 멘토에게 접근할 필요를 느낀다. 당신이 멘토로 삼고 싶은 어떤 사람들은 그런 관계를 시작하는 것에 대해 자신감을 갖지 못할 수도 있다. 그들은 당신에게 다가와 "나는 당신의 멘토가 되고 싶습니다."라고 말하기를 주저한다. 종종 가장 능력 있고 인정 많은 사람들이 그렇게 망설인다. 그들이야말로 당신에게 필요한 자들이다.

나는 현실적으로 행동하라고 조언하고 싶다. 이상적인 멘토가 당신에게 다가오기를 기다리지 말라. 그들에게 가서 말하라. 저는 오랫동안 당신을 존경했습니다. 당신이 제 삶의 멘토가 되어 주실 수 있는지에 관하여 말씀을 나누고 싶습니다.

그들이 멘토링이라는 말이 무슨 의미인지 알고 싶어 하면, 당신은 이 책이나 멘토링 소책자인 「멘토를 발견하는 방법과 멘토가 되는 법」을 건네주라. 그리고 이렇게 말하라. "이 책을 한 번 읽어 보시고, 다음 주 수요일에 당신이 나의 멘토가 될 수 있는지 그 가능성을 살펴보는 것이 어떻습니까?"

당신이 그것과 동일한 기초 자료를 읽었다면, 당신과 그 사람은 당신이 요청하는 내용을 정확히 이해하고 있을 것이다.

종종 좋은 멘토링 관계가 자연스럽게 형성된다. 하지만 멘토나 멘제가 좀 더 공식적인 관계에 대하여 토론을 시작하면 그 관계는 훨씬 견고하게 된다.

대체로 각 사람은 멘토링 관계에 대하여 토의하려고 다른 사람에게 접근하는 방법을 정확히 모른다. 멘토는 속으로 생각한다. 내가 이처럼 특별히 재능을 갖춘 사람에게 그런 관계를 제의해야 하나? 멘제는 이렇게 말한다. 왜 이렇게 뛰어나신 분이 나를 도와주려 할까?

기다리지 말라. 당장 시작하라. 멘토나 멘제가 되라!

## 2. 멘토링 관계는 어느 정도로 이루어져야 하나?

모든 멘토링 관계가 이루어지는 시간의 양은 각각 다르다.

어떤 사람들은 일주일에 한 번 만나고, 어떤 이들은 한 달에 한 번 혹은 분기에 한 번 정도 만난다. 모든 관계는 시간이 지남에 따라 요구되는 시간의 양이 달라질 수 있다.

당신의 멘토링 관계에서 요구되는 시간의 양은 당신이 처한 상황과 당신의 필요에 달려 있다. 당신이 두 가지 모두 허용할 이유가 있고 동의한다면 문제가 없다. 시간의 양에 대하여 더 이상 걱정하지 말라.

스킵 루이스(Skip Lewis)는 멘토링 관계의 비공식적인 측면에 대하여 상당한 식견을 가지고 있다. 멘제가 나의 연구에서 밝힌 또 다른 요소는 그들의 멘토와 외부적으로 갖는 접촉이 필요하다는 것이었다. 응답자들은 일상적인 모임시간 외에 멘토들을 만나고 싶어 하는 마음을 가지고 있었다. 낸시는 친구인 디엔과 함께 쇼핑하는 시간을 통해 둘 사이의 우정이 놀라울 만큼 향상되었다고 말하였다. 그들은 쇼핑을 하며 '이 세상의 모든 것에 대하여' 이야기하였다. 이 일로 인하여 디엔(낸시의 멘토)은 쉽게 낸시에게 다가가서 그녀를 더욱 잘 이끌어 줄 수 있었다. 낸시는 "디엔이 나를 사랑한다는 것을 알아요."라고 말할 정도였다. 피트는 자기의 멘토가 점심식사를 함께하는 중에 종업원 아가씨에게 그리스도를 전하는 것을 보고 무척 기뻤다고 하였다. 피트는 이렇게 말했다. "식당 같은 곳에서 그리스도를 전하는 모습은 정말 보기 좋았어요. 정말로 신이 나더라고요." 당신이 할 수 있는 일이 '당신의 멘제를 초대'하는 것뿐일지라도, 그런 일은 그 자체로 의미가 있다.

점검: 멘토링은 시간을 필요로 한다. 때때로 멘토링하는 시간은 불편하기도 하고 당신이 편하게 느끼는 장소가 아닌 곳에서 이루어지기도 한다. 하지만 그럴지라도 그럴 만한 가치가 있는 일이다.

### 문 3. 만났을 때 무슨 말을 해야 하는가?

당신과 멘토가 아무리 자주 만나기로 동의하였을지라도, 서로 만날 때마다 멘토는 멘토링 질문으로 대화를 시작하기 원할 것이다. "너의 우선순위가 무엇이냐?" 혹은 "내가 어떻게 도와주어야 할까?"

멘제는 매번 만날 때마다 멘토와 논의할 준비를 하고 있어야 한다.

- 멘토가 균형 있는 시각으로 결정하는 것을 도와줄 수 있는 긴급한 결정사항.
- 멘토가 도와줄 수 있는 범위에서 우선순위를 정하는 문제.
- 멘토가 자신에 대해 알고 있는 전반적인 사항을 바탕으로 앞일에 대한 계획.
- 멘토가 원하는 수준까지 발전되었는지 점검, 멘토는 그것을 칭찬할 수 있다.
- 멘토의 계속적인 기도와 후원을 요청.
- 개인적인 장애물, 자신이 깨닫지 못하는 부분, 다른 관심사.

주의 1. 여러 문제들, 결정사항, 계획들은 멘제의 우선순위와 주로 관련 있다.

주의 2. 만남을 좀 더 단순화하고 싶으면, 멘제는 멘토를 만나기 전에 자신이 해결하려고 애쓰는 질문들의 꼼꼼한 목록을 만들어야 한다. 멘제는 멘토에게 각 질문에 대한 조언과 설명을 요청할 수 있다. 토론은 시간이 허락하는 만큼 충분히 이루어져야 한다.

주위 3. 당신이 배우고자 하는 열망을 많이 품고 감사의 마음을 충분히 표시하면, 당신의 멘토는 그 주제에 대하여 자신이 알고 있는 최선의 수단에서 당신을 가르쳐 주려 할 것이다.

## 4. 멘토가 한 명 이상일 수 있는가?

하나님은 종종 한 명의 멘토가 아닌 여러 명의 멘토를 사용하셔서 어떤 개인이 완전한 성숙에 이르도록 성장과정을 돕게 하신다. 수많은 신앙의 지도자들이 이런 일은 매우 자주 있는 일이라고 내게 말하였다.

나의 오랜 친구인 짐 히스키(Jim Hiskey)는 그의 삶 속에 네 명의 뛰어난 멘토를 모시고 있다. "네 분은 너무나 특별한 친구들로서 모두 그리스도 안에서 나를 멘토링해 주시고 나에게 많은 영향을 끼치셨다. 먼저 빌 브라이트이다. 그분은 내게 두 가지를 가르쳐 주셨다. 첫째는 비전이다. 빌은 종종 이렇게 말했다. '작은 꿈은 인간의 마음을 자극하지 못한다.' 둘째는 지난 삼십 년 동안 언제나 잊지 않고 있었던 지혜이다. 그는 이렇게 말했다. '모든 것은 언제나 그럴 것이라고 보이는 대로 움직이지 않는다. 그러므로 너는 모든 사실을 판단하기 전에 먼저 확신을 가져라.'

두 번째 멘토는 덕 코우(Doug Coe)이다. 그가 나에게 준 영향을 단지 한두 가지로만 서술하기가 어려울 정도로 그는 내게 많은 영향을 끼쳤다. 먼저 그는 언제나 그리스도의 위대한 계명과 지상명령을 강조하였다. 덕은 이렇게 묻곤 하였다. '마음과 뜻과 힘을 다하여서 하나님을 사랑하고, 이웃을 네 몸과 같이 사랑하는 것보다 더 큰 계명이 있을 수 있는가?' 물론 우리는 지난 삼십 년간 그보다 더 큰 계명이 없다고 동의해 왔고, 그 큰 계명을 실천하기 위해 힘썼다.

둘째로 덕은 '모든 족속으로 제자를 삼으라.'라는 그리스도의 지상명령을 진지하게 받아들인 사람의 본을 보여주었다. 그는 세계의 모든 민족을 위하여 기도하였고, '일꾼'을 찾기 위해 250번 이상 여행하였다. 내가 덕에게 배운 다른 한 가지는 두세 사람의 힘이었다. 덕은 '어찌 한 사람이 천을 쫓으며 두 사람이 만을 도망케 하였을까(신32:30)'라는 구절과 '삼겹줄은 쉽게 끊어지지 아니하느니라(전4:12)'라는 구절을 자주 인용하였다. 그리스도 안에서 연합한 두세 사람은 베드로와 실라와 누가 그리고 사드락과 메삭과 아벳느고의 예에서 보듯이 누구도 감당 못 할 강력한 영향력을 끼친다. 덕은 이러한 사실에 대한 확실한 모범이었고, 내가 그것을 알도록 도와주었다.

세 번째 사람은 딕 할버슨(Dick Halverson)이다. 그 역시 두세 사람 힘을 나에게 가르쳐 주었지만, 그의 강조점은 약간 달랐다. 예수님은 기도에 대하여 이렇게 말씀하셨다. '너희 중에 두 사람이 땅에서 합심하여 무엇이든지 구하면 하늘에 계신 내 아버지께서 저희를 위하여 이루게 하시리라(마1:19).' 나는 영적으로 진실하게 일치된 두세 사람의 능력을 또 한 번 배웠다. 내가 덕에게 배운 것은 상당히 많았다. 그는 헌신된 삶을 사는 사람의 좋은 표본이었다. 그는 하루에 한 시간이라도 주님과 함께하지 않는다면 자신은 파산해 버리고 말 것이라는 말을 가끔 하였다. 나는 그런 사실에 대하여 종종 물어보았고, 그가 어떤 사람보다도 자신의 말대로 행동한다는 것을 알았다. 그는 매일 기도해 주는 사람들의 사진을 갖고 있었다. 덕은 이렇게 말하기도 했다. '그리스도 안에서 이루어지는 모든 과정은 아래쪽으로 향한다.' 그는 오스왈드 챔버스(Oswald Chambers)의 글을 오십 년 동안 하루도 빼놓지 않고 읽었다. 이것은 챔버스의 삶에서 중심 되는 원리 가운데 하나이다.

마지막 멘토는 짐 휴스턴(Jim Huston)이다. 그는 머리와 마음이 하나로 굳게 결합되는 것이 중요함을 알도록 어느 누구보다도 나를 많이 도와주었다. 시편 기자가 말했듯이, 인자와 진리는 함께 연결되어 있다. 우리가 워싱턴에 루이스(C. S Lewis) 연구소를 차리는 기쁨에 들떠 있을 때, 짐은 우리에게 우리의 신앙과 사명의 통합에 대하여 이야기하였다. 그는 결합을 또 하나의 결혼이라고 불렀다. 짐은 그리스도 안에서 머리와 가슴을 하나 되게 하고, 신앙과 사명의 통합을 이룬 모델이었다."

다수의 멘토들과 관계를 맺는 것은 흔히 있는 일이고 바람직한 현상이다.

## 5. 어디서 만나는 것이 가장 좋은가?

대부분의 멘토링은 부담 없는 조건에서 이루어진다. 걷거나, 항해를 하거나, 골프를 치거나, 운전을 하는 등 당신이 당신의 멘토나 멘제와 함께 있는 곳이면 어디라도 좋다. 멘토링은 당신이 살아가면서 옮기는 장소에 따라 어디서든지 한 번에 십 분 정도 이루어진다. 항상 멘토링에 매달려야 한다고 생각하지 말라. 멘토링에는 서로 나누는 기쁨도 포함된다. 멘토링은 형식적인 교실에서보다는 관계가 형성된 정황 속에서 더욱 잘 진행된다. 멘토링은 형식적인 구조라기보다는 삶의 태도이다. 당신이 함께 즐기기를 원하는 일들을 함께할 때에는 훨씬 즐겁게 이루어진다.

로스 괴벨(Ross Goebel)은 1년간 나의 비서로 근무하였다. 만일 당신이 그 기간 동안 내 사무실을 방문했다면, "무엇을 도와드릴까요?"

라는 그 친절한 목소리를 들었을 것이다. 나는 지금까지 약 5~6년 동안 로스를 멘제로 여겨 왔다. 나는 52세이고 그는 23세이다. 우리가 나눈 가장 멋진 대화는 다나 포인트 항구에 있는 바위 위에서 이루어졌다. 우리는 그곳에서 지나가는 배들을 바라보면서 인생에 대해 이야기하였다.

로스와 함께했던 또 한 번의 훌륭한 시간은 몇 달 전 그와 우주선 발사대를 구경하려고 45마일 떨어진 해안까지 차를 몰고 가기로 자연스럽게 결정하여 이루어졌다. 우리는 발사대에 갔다 오는 동안 쉬지 않고 이야기하면서 25가지의 주제에 대하여 토론하였다. 내가 가장 강조하고 싶은 점은 인위적이거나 형식적인 상황을 피하고 당신이 가장 편한 곳에서 만나라는 것이다.

## 6. 내가 어린 아이들을 멘토링 한다면, 내가 자기들의 멘토라고 말해야 하는가?

한마디로 대답한다면, "No."이다. 그저 친구가 되라. 시간을 내라. 그들의 앞날을 위해 당신이 어떻게 도와주어야 할지 그들의 생각을 물어보라. 그러나 그 관계를 형식화하지 말라. 당신은 부담 없이 말할 수 있다. "네가 언제라도 도움이 필요하다면, 내게 전화하렴." 미네소타 주의 브룩클린 파크에 있는 어떤 주일학교 교사가 4학년 아이들에게 25센트씩 주면서 이렇게 말했다. "이 돈은 쓰지 말고 잘 간수해 두어라. 여기 내 전화번호가 있다. 만일 너희들이 살아가면서 어떤 도움이 필요하다면, 내게 전화하렴." 당신은 그와 같은 일들을 할 수 있다. 하지만 나의 지난 경험에 의존하여 한 가지 제안을 하겠다. 열여섯 살 이하의 아이들에게 멘토라는 용어를 사용하지 말라.

## 7. 어떻게 멘토와 멘제는 경쟁을 피할 수 있는가?

지혜로운 멘제는 자신과 멘토가 새로 발견한 내용을 멘토가 전문적으로 종사하고 힘을 쏟는 영역과 전혀 다른 분야에서 사용한다. 만일 당신이 의술을 갈고 닦은 젊은 의사이고, 당신을 가르친 멘토 의사 선생님의 병원에서 얼마 떨어지지 않은 곳에서 병원을 개업했다고 가정해 보자. 그렇다면 당신에 대한 그 멘토의 사랑과는 상관없이, 멘토는 당신을 일종의 경쟁으로 여길 것이다. 당신이 당신의 멘토가 제공해 주는 정보로 생계를 유지하려 한다면, 당신의 멘토에게 당신에 대하여 경쟁의식을 느끼지 않을 것인지 물어보라. 당신은 반드시 멘토의 수입을 위협하지 않는 범위에서 생활해야 한다.

## 8. 나는 언제 멘제에게 나의 가치관을 가르쳐 주어야 하나?

당신의 멘제가 목표를 성취하도록 돕는 과정에서, 그들은 종종 이렇게 질문할 것이다. "지금 당장 제가 알아야 하거나 깨달아야 할 것이 있나요?" 이처럼 가르치기 쉽고, 멘토링이 잘 이루어지는 순간에는 자연스럽게 당신이 관심을 갖고 있는 다른 종류의 유용한 견해나 지혜를 가르쳐 주라.

언제나 그들이 올바르게 하고 있는 일들을 거론하면서 대화를 시작하라. 그런 후 멘토가 개인적으로 성장할 필요를 느끼는 영역을 지적해 주라. 예를 들면, 당신은 부드럽게 그의 신경질 부리는 습관, 불량한 태도, 영적인 통찰력, 외모 혹은 개인위생 등에 대하여 말할 수 있다. 반드시 멘제의 입장에 초점을 맞추어야 한다는 사실을 명심하라.

## 9. 멘제에게 반드시 해야 할 일을 일러 주어야 하는가?

당신이 멘제에게 "너의 우선순위는 무엇이냐?" 혹은 "어떻게 너를 도와줄까?"라는 질문을 계속하다 보면, 언젠가는 반드시 멘제가 당신에게 "글쎄요, 무엇이라 생각하시는데요?"라고 되물을 때가 올 것이다. 그럴 때에 당신은 당신이 관심을 갖고 있는 것에 대해 자유롭게 설명하거나 제안을 해 줄 수 있다. 하지만 당신이 생각하는 바를 말하는 것을 단 한 번으로 그치지 말라. 제시된 주제에 대한 당신의 생각을 함께 나누고, 그가 다시 물어 올 때까지 기다려라.

때때로 멘제는 명백하게 자기 파괴적이거나 지혜롭지 못하게 보이는 계획이나 결정을 한다. 당신은 그에 대한 당신의 관심을 100퍼센트 자유롭게 표현하고 그러한 상황을 해결할 당신의 견해를 제시하라. 멘제에게 무엇을 해야 하는지 말하지 말라. 단지 그에게 당신의 경험을 들려주어 거기에서 이득을 얻게 하라.

스티브 우드워드(Steve Woodwarth)는 워싱턴 주의 배인브릿지에 있는 레이몬드 그룹을 이끄는 젊고 유능한 회장이다. 그도 한때 위에서 말한 것과 같은 상황에 직면한 적이 있었다. "여러 멘토들이 나를 굉장히 많이 도와주었습니다. 하지만 한 사람은 다른 사람들과 달랐습니다. 그때 나는 설립된 지 얼마 되지 않아 급성장하고 있는 어떤 회사와 제휴를 맺은 직후였습니다. 나는 나의 멘토를 만나 어떻게 하면 회사를 발전시키고 성공을 보장받을 수 있는지에 대하여 말하였습니다. 사업 이야기를 몇 시간 나눈 후, 그는 대화의 주제를 바꿨습니다. 나와 아내는 그 당시 쌍둥이를 입양했는데, 그는 결코 잊지 못할 이야기를 했습니다. '자네가 젊을 때 아이들과 끈끈한 정을 맺어 놓게.' 그는 나에게 함정에 빠지지 말라고 권고했습니다. 그 함정이란 수많은 사람들이 아이들과는 좀 더 늙었을 때 시간을 함께 보내리라 생각하고, 돈을 벌기 위하여 사업에만 몰두하는 것이라 하였습니다. 그는 상당수의 사람들이 그들의 자녀들과 밀접한 관계를 전혀 맺지 못하는 것을 보아 왔다고 했습니다."

"나는 아이들이 걷거나 말하지 못하는 시기에도 하루에 최소한 한 시간은 그들에게 할애하기로 결심했습니다. 한 달이 채 지나기도 전에 나는 쌍둥이를 전보다 훨씬 사랑하게 되었습니다. 나는 그때 이후로 거의 매일 그 약속을 지켰습니다. 조엘과 히더는 이제 세 살이 되었습니다. 그리고 나는 그 아이들과 깊은 감정의 끈을 맺은 것에 대한 보상을 거둬들이고 있습니다."

## 10. 멘토링 관계를 거절당할지도 모른다는 두려움을 어떻게 처리해야 하나?

모든 사람들이 가지고 있는 거절당할 것이라는 두려움의 차원은 각각 다르다. 나는 「당신은 그 일을 왜 하십니까?」라는 책에서 모든 사람은 두려움을 지니고 있지만 동일한 종류의 두려움을 갖고 있지는 않다는 사실을 설명하였다. 어떤 사람은 거절의 두려움을 조금 느끼는 반면, 다른 사람들은 끊임없이 두려워한다. 당신이 거절당하리라는 생각에 얽매어 있으면, 처음 한두 해는 멘토링이라는 말조차 언급하기가 쉽지 않을 것이다. 그저 한 사람의 삶에서 멘토의 역할을 담당하려고 노력하라. 만일 멘제가 되고 싶으면, 존경하는 어른과 남는 시간을 함께 보내면 된다.

멘토링 관계라고 공식화할 수 있는 정도까지 신뢰의 정도를 더욱 높이기 위해 어떤 사람과 시간을 보내는 것은 바람직한 일이다. 하지만 당신이 거절당하는 것을 지나치게 신경 쓰고 있다면, 내 말을 명심하라. 그저 관계를 맺고, 여유를 갖고 함께 즐거워하고, 그 관계를 발전시켜 나가라. 그리고 적당한 시간에 멘토링이라는 용어를 그 관계에 적용하라.

## 11. 어떻게 하면 멘토링 관계를 그만두어야 하나?

멘토링 관계를 그만두는 것은 다른 종류의 관계를 끊는 것과 별다를 바 없다. 그것은 단순히 대인관계에서 나타나는 현상이다. 대인관계의 측면들을 다룰 때 사용하는 중요한 세 단어가 있다. 염려·솔직·공평이다. 이 단어들을 다음과 같이 함께 사용하라. "나는 당신에게 솔직하지 못할까봐 매우 염려스럽습니다. 공평하게 말하자면, 나는 우리가 서로 맺은 멘토링 관계의 속도를 줄이고, 멈춰서, 변화를 주거나 재정립해야 할 필요가 있다고 생각합니다."

그런 후 이유를 설명하라. 사람들은 때때로 자기들이 누군가와 대립하게 될 것을 염려할 때 이런 식으로 질문을 던진다. 솔직히 말하자면 대다수의 사람들은 누군가와 대립해야 할 때 불편해하고, 초조하며, 걱정되고, 화가 난다. '대립하다'라는 말을 '분명하게 하다'라는 말로 바꾸면 도움이 된다. 누군가와 또다시 맞서는 대신 문제를 단순하고 명백하게 설명해 보라. 예를 들어, 당신이 바라는 것만큼 효과를 내지 못하는 멘토링 관계를 그만두려면, 이렇게 말할 수 있다. "나는 당신에게 솔직하지 못할까봐 매우 염려스럽습니다. 이제 나는 당신이 말씀하실 때 내가 어떻게 느끼는지 분명하게 설명할 필요를 느낍니다. 제 생각을 좀 분명하게 해야 할 필요가 있습니다. 한때 제가 기대를 품었다가 실망으로 끝난 우리 관계에 대해 좀 분명히 말하고 싶습니다." '분명히 하다'라는 말은 '대립하다'라는 말보다 대하기 훨씬 쉽다.

스테판 올슨(Stephen E. Olsen)은 상당히 지혜로운 시각을 제공한다. "관계를 끝내야 할 때(이사를 가거나 다른 여건 때문에), 우리 관계의 새로운 국면이라고 정의를 내리는 것이 매우 유용하다는 것을 깨달았다. 그것은 끝을 의미하지 않는다. 그것은 단순히 다른 상황 속에서 이루어지는 관계의 지속을 뜻한다. 이런 자세는 다양한 방식으로 관계를 유지하도록 가능성을 열어 놓는다. 특히 이런 태도는 둘 사이의 관계가 남달리 친밀할 때 많은 도움이 된다."

## 12. 멘토는 멘제에게 돈을 빌려 주어야 하는가?

멘토링 관계에서는 절대로 돈을 빌리거나 빌려 주는 일이 없어야 한다. 멘토에게 돈을 빌려 달라고 요청하지 말라. 당신이 멘제에게 돈을 빌려 주겠다는 암시를 주지 말라. 사소한 돈이라도 멘토링 관계에 개입하면, 그 관계는 혼란스럽고, 어색하며, 폭발성을 띠게 되고, 곤란하게 된다. 멘토링 관계에서 금전관계를 배제하는 것이 현명한 행동이다. 멘제에게 돈을 빌려 주는 것은 친척에게 돈을 빌려 주는 것과 유사한 정도로 위험한 것이다. 금전 거래는 관계를 붕괴시키고 관계를 급속도로 악화시킬 수 있다. 이에 대한 주의는 아무리 많이 해도 부족하다. 절대 금전거래를 하지 말라.

## 13. 남편이 아내의 혹은 아내가 남편의 멘토가 되는 것은 가능한가?

가능하긴 하나 위험하다. 남편이 자신을 아내의 멘토라고 부르게 하는 것은 지혜롭지 못한 처사라고 생각하며, 권하고 싶지도 않다. 게다가 아내의 희망들을 알고 그녀가 꿈을 성취하도록 돕는 것은 멘토가 아닌 남편으로서 마땅히 맡아야 하는 역할이다. 그러므로 남편을 아내의 멘토라고 부를 필요가 없다. 아내를 남편의 멘토라고 부르는 데에도 마찬가지 원리가 적용된다. 케릴과 나는 1964년에 내가 그녀와 결혼한 이후 얼마나 강건해졌는가에 대해 말한 적이 있었다. 그녀가 내게 준 힘은 실로 엄청나다. 그녀는 나 역시 그녀에게 힘을 주었다고 말했다. 건강하고 성숙된 부부는 서로를 세워 주려 한다. 나는 그것을 멘토링 관계라 부르고 싶지 않다. 그것은 단순히 남편과 아내의 관계이다.

## 14. 나의 멘제나 멘토가 실패하면 어떻게 해야 하나?

어떤 멘제도 실패하기를 원치 않지만, 가끔씩 멘제는 성공하는 방법과 실패에서 교훈을 얻는 방법을 알기 위해 멘토의 도움을 필요로 할 때가 있다. 지혜로운 멘토는 멘제가 특별히 성장과정에 있을 때에는 완벽하기를 기대하지 않는다. 멘제는 멘토에게 거절당하는 것을 두려워하지 말아야 한다. 멘토와 멘제가 실패에 대하여 논의하는 것은 많은 도움이 된다. 그 속에서 실패하더라도 거절당하지 않는다는 자유로움이 포함되어야 한다.

이와 마찬가지로, 어떤 멘토도 실패하기를 원치 않는다. 지혜로운 멘제는 멘토가 완벽하기를 기대하지 않는다. 멘토는 멘제에게 거절당하리라는 두려움을 갖지 말아야 한다. 당신이 멘제라면 당신의 멘토가 당신에게 거절당할 것을 두려워한다는 말을 들으면 놀랄 것이다. 하지만 이것은 흔히 있는 일이다. 자신에게 물어보라. 당신은 멘제에게 거절당할 것을 두려워하는가? 당신의 멘토도 이와 동일한 경험을 갖고 있을 것이다. 바로 지금 당신의 멘토에게 관심을 기울이라.

## 15. 멘토링 관계가 깨지면 어떻게 해야 하나?

어떤 이유에서든 멘토가 불안정하고 그 불안정이 멘제에게 불안정을 일으키도록 이어져 있다면, 그 관계는 두 사람 모두에게 해를 끼친다. 그런 경우 그 사람을 멘토나 멘제로 여기는 생각을 버리고 되도록 빨리 더 건전한 관계를 찾아보아야 한다. 이것이 말처럼 그렇게 쉽지 않다. 당신은 그 관계에서 빠져나오기 위해 목사님이나 많은 친구들의 도움이 필요할 테지만, 최대한 빨리 벗어나야 한다.

당신의 멘토나 멘제가 당신에게 불공평한 이득을 취하려 한다고 생각되면, 다음 단계에 따라 행동하라고 권하고 싶다.

- 그 상황에 대하여 기도하라. 하나님의 지혜를 구하라.
- 그 사실에 대해 이야기하라. 당신의 감정이 겉으로 드러나게 하라.
- 비밀을 지킬 수 있는 가까운 친구에게 말하라. 친구에게 당신의 관계에 대하여 지혜와 좋은 견해를 구하라.

멘토링 관계는 파괴적이어서는 안 되고 건설적이어야 한다. 당신이 맺고 있는 멘토링 관계가 파괴적으로 변해 간다고 생각되면, 관계를 재정립할 필요가 있다.

## 16. 먼 곳에서도 멘토링이 가능한가?

그렇다. 멘토링은 서로 떨어져 있어도 이루어질 수 있다. 멘토링에 있어 중요한 질문은 두 가지다. "내가 진심으로 이 사람을 믿는가?" "그 혹은 그녀가 성공하는 것을 보고 싶어 하는가?" 두 가지질문에 대한 답이 모두 '그렇다'로 나오면, 당신은 먼 거리에서도 우편이나 팩스, 컴퓨터 통신, 전화 혹은 방문 등 여러 가지 방법을 통하여 도움을 줄 수 있다.

## 17. 대부분 사람들이 멘토를 찾고 있다고 어떻게 확신하는가?

대다수 어른들은 멘토가 된다는 생각으로 약간 위축되어 있다. 대부분 사람들은 자기들이 경험이 없고 열성적인 멘제와 함께 일하는것이 얼마나 효과적인지 깨닫지 못한다.

동시에 대부분의 어른들은 자신들의 후원과 격려로 이득을 얻을수 있는 세 명 정도는 쉽게 떠올릴 수 있다. 어른들은 모두가 자기들이 젊었을 때 그런 후원의 관계를 맺고 있었다면 많은 유익을 얻었을 것이라고 말한다.

당신이 무슨 일을 하든지 상관하지 말고 젊은 사람 두세 명 정도는 멘토링하여 후원할 수 있다고 생각하라. 그들은 당신의 경험과지혜와 격려가 필요하다!

## 18. 나의 멘토나 멘제가 원래 맺었던 약속을 이행하지 않을 때에는 어떻게 해야 하나?

먼저, 긍정적인 자세를 잃지 말라! 멘토나 멘제가 함께하기를 원하지만 조금 바빠서 그렇지 못한다고 생각하라. 주도권을 잡아라. 주저하지 말고 두려워하거나 걱정하지 말라. 문제는 개인적인 반감 때문이 아니라 단지 두 사람의 생각이 다르다거나 바쁜 일정 때문에 생겨난 것일 수 있다. 침묵이나 먼 거리를 거부의 증거로 삼지 말라. 당신이 거절당하지 않았을 가능성은 99퍼센트이다.

두 사람의 일정을 위해 만나는 시간을 줄이는 것이 좋겠다고 제안하여 관계를 재정립할 필요가 있다. 포기하지 말고 관계를 재정립하라.

## 19. 멘제가 멘토를 능가하면 어떻게 하나?

그런 일이 종종 있다. 결과적으로 멘토링 관계로 인하여 큰 고통을 느끼고, 관계가 깨진다.

하지만 멘토링 관계는 멘토-멘제에서 상호 멘토링이 이루어지는 친구 관계로 변하고, 멘토가 멘제가 성공하는 것을 바라보는 것이 부모가 자기 자녀의 성공을 보는 것만큼 영광스러워야 하는 것이 이상적이다.

## 20. 멘토가 전혀 없었어도 멘토가 될 수 있는가?

물론이다. 당신에게 모델로서 멘토가 있었다면 그 역할을 수행하는 것이 그리 어렵지 않을 테지만, 당신에게 건전하고 균형 잡힌 아버지가 없었을 때에도 당신이 좋은 아빠가 되는 것은 불가능한 일이 아니다. 당신이 젊은이들과 나눌 만한 경험을 가지고 있고 격려할 마음이 있으며 멘토가 되고자 하는 바람이 있다면, 얼마든지 멘토가 될 수 있다.

## 21. 부하직원들을 마땅히 멘제로 여겨야 하는가?

아니다! 당신은 각각의 부하직원들이 수행하는 기본적인 지도자 개발 점검표를 가지고 있어야 한다. 당신은 리더십에 관한 좋은 책이나 테이프나 비디오의 목록을 함께 나누고 싶을 것이다. 당신은 그들에게 자료를 참고하여 그것으로 발전을 도모하라고 과제를 부여할 수 있다. 하지만 근본적인 멘토와 멘제의 특성이 드러나기 전까지, 멘토링 관계는 형성되지 않는다.

다른 한편, 당신의 부하직원이기 때문에 그들이 자동적으로 멘제가 될 자격이 없다고 단정하지 말라. 당신이 그들 중에 한 명 혹은 여러 사람을 신뢰하고 그들이 인생에서 성공하는 것을 보고 싶어 한다면, 그들의 멘토가 되라! 망설이지 말고 그들에게 제안하라.

# 2절. 전문적 차원 Q&A

Ans - 멘토링코리아 류재석 대표(www.cmko.com Q&A실 참고자료)

## 문 1. 멘토(Mentor)와 코치(Coach) 상사(Manager)는 어떻게 다른가?

멘토의 역할과 비교해 볼 때, 코치의 역할은 '사람'보다는 직원의 '업무'에 더욱 치중되어 있다. 코치는 직원이 자신의 업무를 더 훌륭히 해내도록 도와준다. 멘토로 역할의 몇 가지 요소(예를 들어, 동기부여, 실적 강화, 상황인식, 기술전달, 효율성)가 어느 정도는 존재할지 모르지만, 코치는 개인의 성장보다는 주로 보다 나은 업무를 수행하도록 하는 데 관여한다.

목표를 달성하고자 하는 직원을 지도하는 데 있어서 코치가 영향력을 행사한다고 보일 수도 있다. 코치는 주로 "여기에서 이렇게 하게." 하고 말하기 때문이다. 만일 멘토와 업무에 관한 이야기를 한다면(별로 그런 일은 없지만), "이렇게 하려고 해보았는가?"나 "이 일

을 하는 데에 다른 어떤 방법을 고려해 보았는가? "라고 질문하는
경향을 보일 것이다.

여러분으로서는 직속 부하를 코치하는 것이 멘토 역할을 하는 것
보다 수월할 것이다. 이젠 섹션에서 언급한 '순수한' 의미의 멘토링
과는 달리, 반드시 그럴 필요는 없지만, 코치는 한 개인의 관리자나
감독관이 될 수도 있기 때문이다. 코칭은 지시하는 경향이 있고 업
무와 관련이 많으나, 멘토링보다는 개인 성장과의 관련이 적다. 코치
의 이러한 특성 때문에 멘토에겐 불가능한 코치와 관리자(혹은 상
사) 역할의 중복이 일부 허용된다.

코칭은 또한 멘토링보다 현장 연수에 더욱 잘 어울린다. 코치는
현장 연수 후에도 종종 직원을 따라다니며 교실에서 배운 것을 현장
에서 활용할 수 있도록 숙련도를 높이는 데 일조한다.

코칭은 주로 공인 자격과도 연결된다. 전문자격을 얻으려고 하는
직원이 있다면, 여러분이나 다른 누군가가 그 직원을 코치하여 이론
을 실제로 응용하는 연습을 하게 하고 자격증 획득에 성공하도록 도
와주는 것이 당연한 상황이다.

이와는 대조적으로, 멘토는 현장업무나 기술과 연관된 훈련에는
거의 관여하지 않는다. 그러나 그와 관련한 분야에서 직원의 능력이
지속적으로 진전이 보이지 않아 자기 발전에 지장을 초래한다면 관
여할 수도 있다.

## * 세 가지 역할에 대한 요약정리

| 구 분 | Mentor | Coach | Manager(상급자) |
|---|---|---|---|
| 업무목표 | 사람을 리더로 성장<br>- Leadering | 부하(선수)의 업무능력 향상<br>- Skillup | 부하의 업무성과 도출<br>- Performance |
| 연결형태 | 멘제중심 연결형태유지<br>멘제1: 멘토1이나소그룹 | 코치중심 연결형태유지<br>코치1: 부하(선수)소그룹 | 상사중심 연결형태유지<br>상사1: 부하 다수 |
| 업무성격 | 인관관계라는 특수업무<br>TFTeam형식으로 추진 | 회사 정규업무와 정규조직 +<br>인간적인 면 배려추진 | 회사 정규업무추진<br>Line 및 Staff조직추진 |
| 업무특성 | 사람 자체(인격개발)가 중심 | 직원의 업무능력이 중심 | 직원의 업무성과가 중심 |

## * 멘토와 역할적인 면에서 차이점은 무엇인가?

멘토의 역할을 정의하는 하나의 방법은 다른 비슷한 두 역할과 구분 짓는 것이다. 다른 두 역할이란 코치와 관리자의 역할이다. 이 세 가지의 역할 모두 좀 더 경험이 많은 사람이 비교적 경험이 적은 사람을 대상으로 일대일의 상호작용을 하는 점에서는 유사하다. 그러나 목표와 그러한 목표를 달성하기 위한 스킬은 역할마다 다르다. 관계의 지속기간도 다양한데, 멘토링 관계가 가장 길다. 왜냐하면 멘토는 멘제의 자신에 대한 삶을 변화시키기 때문이다.

### 1) 역할의 차원

- 멘토: 전인적인 삶의 조언자나 지도자다.
- 코치: 업무수행자, 팀을 가르치는 사람, 스포츠에서 기본기를 가르치는 사람이다.
- 관리자: 감독자, 특히, 조직 단위를 책임지고 있는 사람이다.

## 2) 목표의 차원

- 멘토: 멘제의 특성과 잠재력을 개발하여 **개인적인 성장**을 촉진시킨다.
- 코치: 개인의 **업무능력 향상**과 또는 팀의 성공률을 높인다.
- 관리자: 상위 조직을 위하여 자신의 **조직의 업무성과**를 효과적으로 기능하게 한다.

## 3) 스킬의 차원

- 멘토: **멘제의 성장단계**에 맞춰서 지원, 도전 또는 비전을 제시한다. 멘제의 성장단계는 멘토링 초기 단계에서 시작하여 멘제의 성장에 따라 중기, 후기, 완성기 단계로 나아가게 되고, 멘토는 멘제의 성장단계에 따라 지원기능, 도전기능, 비전기능을 적절히 배분하여 수행한다.
- 코치: 현재의 상태와 바람직한 상태와의 격차를 지적하고, '훈련을 위한 시스템적 접근방식'을 사용한다. 팀원들의 노력을 종합하기도 하고, 개인을 코치할 때에는 '한 개인의 전체적인 시스템적 관점에서 한 개인의 세세한 부분들에 주의를 기울여 **능력을 향상**시킨다.'
- 관리자: 조직의 목표를 그 조직구성원들에게 할당한다. 구성원 개별적인 업무성과를 감독하고 조정한다.

### 4) 관계의 지속기간 차원

- 멘토: 멘제가 자립하여 리더로 성장할 때까지 일정기간 동안 그 관계가 지속된다.
- 코치: 팀이나 개인이 바라는 수준의 **능력이 달성**할 때까지 지속된다.
- 관리자: 관리자의 역할이 조직구조 안에서 **성과가 도출**될 때까지 지속된다.

이제 멘토가 조직 내에서 중요한 역할을 하기 시작했고, 멘토링은 직원들을 개발시키는 한 수단으로 사용되게 되었다. 새로운 멘토를 훈련시키고, 훈련된 멘토들이 자신의 경험과 지식 그리고 태도 등을 그들의 멘제에게 전달하고, 멘제를 성장시킬 수 있도록 도와주어야 할 때가 된 것이다.

많은 사람들은 멘토를 전통적인 인간관계라는 단어로만 인식할지 모른다. 그러나 멘토의 역할은 시대를 거치면서 다양한 변화를 겪어왔고, 결과적으로 조직에 적용하는 멘토링의 목적도 다소 생산성 추구라는 조직의 목표에 부합하게 변화되었다고 볼 수 있다.

### 문 2. 왜? 멘티를 멘제(Menger)라고 사용해야 하나요?(대한생명 김성호)

먼저 멘토(Mentor - 그리스어로 멘토르)라는 단어는 호머의 그리스신화(B.C. 1250)에서 스승의 이름으로 쓰인 후 오늘날까지 단일 명칭으로 사용되고 있다.

영한사전에도 멘토는 "Oydysseus가 그의 아들을 부탁하였던 선도자(善導者)"라고 해설을 붙였다. 그러면 멘토의 상대호칭은 언제, 누가 처음으로 사용했을까? 이는 7세기 페넬롱(Fenelon佛)이 그의 저서 『텔레마코스 모험』(1699년 저서 『The Adventure of Telema chus』)에서 멘제(Protege)라는 단어를 최초로 사용한 데서 기인한다. 그래서 멘제는 불어로 피보호자라는 뜻을 담고 있다.

그 후 영국에서는 멘토리(Mentoree)라는 단어를 사용했고 현재 북미지역에서는 멘티(Mentee), 멘토리(Mentoree), 멘토랜드(Mentorland), 빅브라더즈(Big Brothers)라는 여러 가지 단어를 혼용해서 쓰고 있다. 왜? 이렇게 여러 단어를 사용하고 있을까?

그 이유는 멘토링 프로그램 개발자가 각기 개인의 특성이나 자국의 사정을 감안하여 자유롭게 단어를 사용한 것이 그 이유이다. 한편으로는 멘토(Mentor)라는 단어에 Mentor+ee=Mentoree(멘토리), Ment+ee=Mentee(멘티)라고 단순하게 어휘 변화로 표현하기 때문이다.

한국에서도 고용인을 Employer, 피고용인, 즉 종업원을 Employee 라고 하는 것과 같은 의미이다. 그러나 멘토링은 멘토와 멘제가 수평적인 관계임에도 이러한 수직적인 의미가 담긴 표현은 좀 가벼운 생각이라고 볼 수 있다.

오늘날 학술적인 기록에는 대부분 원어인 멘제를 사용하고 있다. 다만 조직의 현장에서 멘제라는 단어가 발음상 또는 불어라는 면도 감안하여 주로 미국에서는 멘티, 멘토리 등을 많이 사용하고 있다. *Protege(프로테제－불란서, 미국), *Mentoree(멘토리－영국), *Mentee(멘티－미국), *Mentorland(멘토랜드－미국), *Menger(멘제－한국) 혹자는 저한테 멘티(Mentee)가 공식 명칭인데 왜 굳이 멘제(Menger)를 사용해서 혼란을 주고 있는가라는 항의성 질문을 자주 한다. 그러나 이는 잘못 오해한 데서 나온 말이다.

이제 멘제(Menger)라는 단어에 대한 선정과정에 대해 답변을 하겠다. 저희 멘토링코리아 연구팀은 비록 외국으로부터 멘토링에 관한 자료를 제공받았지만(Bobb Biehl 美)(William Gray 加) 사실은 한국 문화나 조직의 생산성 보장 등에 중점을 두고 한국형 프로그램으로 개발한 것이다.

이런 과정에서 아예 아무 의미도 없는 외국 단어인 멘티(Mentee)나 멘토리(Mentoree)를 사용하는 것보다는 우리 프로그램에 맞는 한국적 의미가 담긴 단어로 멘제(Menger－동생을 의미)를 선택하여 사용하게 된 것이다. 그러니까 먼저 한국말로 멘제라고 이름 짓고 그 후 영어로 Menger라고 붙인 것이다. 좀 더 자세히 멘제에 담긴 의미를 아래와 같이 소개한다.

### ▣ 멘제(Menger) 의미는?
멘토링코리아에서 한국의 실정에 맞게 호칭한 것으로
1. 멘토링 활동에서 멘토로부터 도움을 받는 사람이다.

2. 멘제(Menger)는 멘토(Mentor)와 수평관계라는 것을 의미한다.

3. 형, 동생에서 멘제는 동생(제＝弟), 멘토는 형(兄)을 의미한다.

4. 멘토의 '멘' 자와 동생 '제' 자를 합성하여 멘제라고 호칭한 것이다.

## 문 3. 주간한경 대담기사 [류재석 대표 Interview – 대담자 – 권 오준 기자]

류재석 멘토링코리아 대표(64)는 '멘토링'이라는 용어가 생소했던 지난 98년 2월 멘토링 컨설팅 업체를 설립, 지금까지 왕성하게 활동하고 있다. 이전에 경영컨설턴트로 활동했던 류 대표는 '핵심인재 5%를 10%로 늘리고, 문제사원 10%를 5%로 줄이는 방법이 뭘까?' 라는 화두로 심각하게 고민하다가 결국 멘토링에서 해답을 찾았다고 한다. 그는 "멘토링은 인재개발의 훌륭한 수단으로 더 많은 기업들이 도입할 것"이라고 내다봤다.

### 1) 최근 멘토링 도입 기업이 늘어나는 배경은?

2002년 매킨지가 "21세기 인재개발 전략으로 **멘토링은 놀라운 능력을 발휘**하고 있다."라는 보고서를 내면서 국내기업들이 바빠졌습니다. 인식이 바뀐 것입니다. 이전에는 멘토링을 그저 신입사원의 조직 적응을 도와주는 수단이나 분위기 조성용으로 여겼습니다. 그러나 요즘은 가장 효과적이고 확실한 인재육성 전략으로 인식이 바뀌었습니다. 휼렛패커드(HP)나 인텔은 이미 경영 화두를 멘토링으로 가져가겠다고 밝혔습니다.

### 2) 인재육성 차원에서 멘토링의 강점은 무엇인가요?

일대일은 가장 효과적인 교육수단입니다. 국내기업의 인재개발은 대집단, 중집단(팀장 제도), 소집단(코치) 형태로 변화해 왔습니다. 이런 과정을 거쳐 최종적으로 나온 것이 바로 일대일 멘토링입니다. 이 세상에서 **일대일만큼 강력한 교육수단**은 없습니다.

### 3) 멘토링을 도입하고도 성과를 내지 못하는 기업도 있는데요.

아직 우리나라 기업 멘토링은 초보적인 수준입니다. 단순히 신입사원의 조직 적응이나 조직 간의 관계 정립 차원에서 진행되는 멘토링은 실패할 수밖에 없습니다. 이를 유사멘토링이라고 부르고 싶습니다. 치밀한 프로그램 없이 대충 선배와 후배를 연결시키는 것은 효과를 기대하기 힘듭니다. 한마디로 옛날 버전입니다.

### 4) 그럼 성공하려면 어떻게 합니까?

단순히 업무성과만 내겠다는 생각으로 접근하면 곤란합니다. 멘토링은 리더를 만들어 주는 연결고리 역할을 해야 합니다. **리더를 키우겠다. 핵심인재를 기르겠다는 생각**으로 접근해야 합니다. 오프라인뿐만 아니라 인터넷 기반의 시스템도 마련해야 합니다. 이를 통해 정보를 제공하고 상호교류를 활성화하는 것이 필요합니다.

## 문 4. 투자회수율 산정방법에 대하여 알려주세요(노동부 신우승)

멘토링 인재개발 기법은 단순히 일회성 교육 프로그램이 아니라 일정기간 프로젝트 개념으로 관리해야 효율적인 결과를 얻을 수 있습니다. 각 조직마다 멘토링을 추진할 때 세 가지 투자가 이뤄지는데
  1) 사람투자 - 근무시간 내 멘토링추진팀원과 멘토/멘제의 인원에 관한 인건비를 현금으로 환산
  2) 시간투자 - 근무시간 내 교육 및 멘토링 활동 시간을 계산한 부분을 현금으로 환산
  3) 자금투자 - 교육비 및 활동지원비 관리비 등 실제적으로 투자한 현금
  1)과 2)는 중복 주의 요망

그리고 투자에 관한 회수 방법은 두 가지 차원에서 검토할 수 있습니다.
  1) 정량으로 회수 - 신입사원 등 전기대비 정착률 향상분을 현금 금액으로 환산
  2) 정성으로 회수 - 설문조사 등으로 확인된 역량개발, 숙달률, 만족감, 애사심 등을 금액으로 환산

* 산정방법
 - 투자에 관한 부분은 조직의 현실을 참작하여 산정하면 상식적으로도 산정이 가능합니다.
 - 투자 회수율 계산방법은 별도로 전문 교육을 받아야 합니다.

* 비전문적인 차원에서 조언한다면
 - 정량회수 - 신입사원 1개월 투자 인건비를 산정하여 전기보다 정

착·증가한 인원을 감안하면 됩니다.

(3개월 신입사원 인건비 8백만 원×15명(전기보다 추가 정착인원)=1억 2천만 원

-정성회수-12개월 걸릴 수 있는 업무를 멘토의 도움으로 5개월에 마쳤다고 볼 때 7개월을 멘제의 월 인건비를 감안하여 회수금액을 산정가능합니다.

(7개월×1,500,000원=10,500,000원×20명 (금번 참여한 멘제 총인원)=2억 1천만 원

## 문 5. 청소년멘토링 정부멘토링에 대하여 묻습니다(구자정)

1) 문제점-체계적인 멘토링이 되지 못하고 멘토링 내용을 올바로 이해하지 못한 상태에서 청소년을 동정해 주는 식이 문제입니다.
2) 향후 청소년-먼저 멘토링 이론을 제대로 알고 실행 프로그램을 도입하여 인재개발 차원에서 접근해야 합니다.
3) 정부멘토링-정부에 멘토링 전문가가 없이 멘토링 정책 추진은 어렵습니다. 미국의 청소년 멘토링 재단인 BBS재단(1901년 설립)을 깊이 연구해야 합니다.

## 문 6. 이성 간 멘토링에 관하여 질문합니다(GS칼텍스 최성묵)

질문에 답을 하기 전에 먼저 멘토링 활동에 세 가지 금기사항을 말해 둡니다. 첫째는 상호간 금전적인 채권 채무입니다. 둘째는 직속

상급자입니다. 세 번째가 이성 간의 멘토링입니다.

## 1) 채권채무 관계금기

－옛말에 금전관계는 흔히 친구 잃고 돈 잃는다는 말이 있습니다. 꿀 때와 갚을 때 마음이 서로 다를 수 있기 때문입니다. 그리고 더 중요한 것은 멘토링 관계는 상호 신뢰와 존경이 바탕이 되어야 하는데 금전이 개재되면 본의 아니게 멘토링 순수성과 돈의 문제가 주객이 전도되는 현상이 생깁니다. 여기서 채권 채무 관계는 정식 계약서에 의하여 이자나 상응한 대가가 지불되는 경우를 말하는 것이고 커피 값, 식사비, 교통비, 입장료 등 친교를 위해 경상비 정도로 지불되는 것은 제외됩니다.

## 2) 직속상급자 멘토 금기

－상급자는 부하 멘제의 수직라인에 있는 직속 상급자로서 정규 업무를 통하여 부하직원의 업무성과를 챙기는 사람입니다. 그러나 멘토는 업무를 챙기는 것보다는 멘제의 전인적인 삶의 조언자로서 인간성 부문에 조언자라고 볼 수 있습니다. 이렇게 상급자와 멘토가 서로 기능이 다른데 이를 무시하고 상급자에게 멘토 기능까지 추가한다면 상급자 멘토 입장에서는 한 사람이 인간성과 생산성이라는 두 가지 기능을 동시에 수행하게 됨으로써 수시로 Confusion(혼란한 상황)에 처하게 되어 멘토 수행에 지장을 초래할 수 있습니다. 그러므로 OJT멘토링 이외는 멘토와 상급자를 분리하는 것이 효과적입니다.

## 3) 이성 간 멘토링 금기

- 멘토링은 기능 자체가 인간성을 바탕으로 멘토 / 멘제 상호간 정서적인 면을 주로 다루게 됩니다. 아무리 인간이 업무적으로 냉정을 유지한다 하더라도 내적에 잠재되어 있는 정에 관한 요소를 전혀 무시할 수는 없습니다. 구체적으로 밀폐된 공간에 친교를 나눈다거나 야외 등산활동 그리고 함께 운동 등 기회가 주어질 때 자연스럽게 관계가 깊어지게 됩니다. 이것은 멘토링에서 지향하는 방향입니다. 이러한 상황이 전개될 때 이성 간의 멘토링은 제약을 받게 되기 때문에 동성 간의 멘토링을 권장하게 되는 것입니다.

* 현재 질문자의 경우 어떻게 활동을 전개할 것인가?

답변자 자신도 기업체 현장에서 멘토링 Workshop을 진행하다 보면 흔히 이성 간 쌍을 발견하게 됩니다. 아래 사항에 유의하시면 도움이 될 것입니다

1) 공개 장소에서 활동하십시오.
2) 개인의 깊은 심리적인 문제는 피하십시오.
3) 미팅 후 가능한 한 일찍 귀가시간을 정하십시오.
4) 특별히 야외 친목의 경우 모니터에게 알리십시오.
5) 멘토 월간 보고서에 멘제 부문을 좀 더 자세히 기록해서 모니터와 상의하십시오.
6) 회사 차원에서 이성 간 멘토링에 관한 효과적인 매뉴얼을 만드십시오.

## 문 7. 멘토링 평가방법에 대하여 묻습니다(최유진)

### 1) 평가의미
- 멘토링 활동은 먼저 세 가지 투자가 이뤄집니다. 사람투자, 시간투자, 자금투자입니다. 기업의 투자 회수는 기본적입니다. 멘토링의 평가는 투자에 관한 생산성 여부를 점검하는 차원에서 당연히 해야 합니다.
- 또 한편에서는 멘토링 활동에 참여하는 인력(멘토링위원장 추진팀, 모니터, 멘토 / 멘제 등)에 대한 책임감과 목표의식을 넣어주는 차원에서 평가가 있습니다.

### 2) 평가목적
- 멘토링 평가의 목적은 멘토 / 멘제의 동기부여 차원에서 이뤄집니다. 구체적으로 평가결과에 따라 포상하고 칭찬하기 위한 자료를 얻는 것입니다. 일반 정규업무 평가는 포상과 벌이 주어지는데 멘토링에서의 평가는 상만을 주는 것이 특징입니다.

### 3) 평가주기
- 분기별 평가 – 멘토링 활동 중, 즉 분기별로 평가합니다.
- 결과평가 – 멘토링 활동 종료 시에 평가합니다.

### 4) 평가대상
- 개인평가 – 멘토와 멘제의 개인 역량 평가를 합니다.
- 그룹평가 – 멘토링 쌍 전체를 평가합니다.

## 5) 평가방법

- 정량평가-평가의 결과를 숫자로 표시하는데 생산성 측정 평가라고 합니다.
- 정성평가-교육만족도 애사심측정 멘토링 활동 만족도 등으로 심적인 평가입니다.

## 문 8. 멘토링과 Coaching의 차이점이 무엇인가(조종원)

멘토, 선생, 코치 등의 역할을 어떻게 구분할까? 구분이 가능한 것인가? 멘토링에 관심 갖는 사람들이 제일 많이 질문하는 내용입니다. 물론 선생과 코치도 어느 경우에는 훌륭한 멘토의 역할을 하고 있을 수도 있습니다. 우선 복잡한 것은 나중에 다루기로 하고 여기서는 간단하게 구분하는 방법을 소개해 드립니다.

전자-상사, 코치, 팀장, 선생 등을 편의상 전자로 표시합니다.
멘토는 그대로 멘토로 표시합니다.

[코칭과 멘토의 유래는?]
전자-1960년대 미국에서 운동선수들의 기량향상을 하고자 코치에게 인성부문을 고려한 데 기인합니다.
멘토-BC 1250년을 무대로 한 호머 저서 그리스신화에서 스승인 멘토(Mentor)가 왕자 텔레마쿠스를 20년 동안 지혜롭고 현명한 왕으로 성장시켰다는 데서 기인합니다.

[무엇이 우선순위인가?]

전자 - 업무, 기술, 지식 전수를 우선으로 하고 인간적인 면은 후순위입니다. 즉 생산성을 우선하고 인간성을 후순위로 한다는 것입니다.(Productivity)

멘토 - 인간적인 면을 우선으로 하고 업무, 지식, 기술 등은 후순위로 합니다. 즉 먼저 인간성을 배려하고 생산성을 그 후 추구한다는 것입니다.(Humanity)

[그러면 목적은?]

전자 - 코치가 운동선수의 스킬이나 상사가 부하의 업무를 향상하기 위한 것입니다.(스킬, 업무 향상)

멘토 - 유래에서 보듯이 멘토가 멘제를 전인적인 조언자로서 궁극적인 목표는 한 인간을 인격을 갖춘 차세대 리더로 개발하는 데 목적이 있습니다.

[누가 중심점이 되는가?]

전자 - 팀장, 상사, 코치, 즉 리더가 중심점이 되어 선수나 부하직원이 지도를 받게 됩니다.(수직적인 관계)

멘토 - 멘제가 중심점이 되어 멘토가 멘제를 위해 지원, 조언, 서비스제공을 하게 됩니다.(수평적인 관계)

[연결형태는?]

전자 - 리더, 즉 팀장, 상사, 코치, 선생 등을 중심으로 1:소그룹인 연결 형태가 됩니다.(1:소그룹 형태)

멘토-멘제를 중심으로 멘제와 멘토가 1 : 1로 연결된 형태가 기본이고 더 좋은 방법은 멘제와 멘토가 1:다수로 연결된 형태입니다. 결국 멘제는 1이고 멘토는 1이나 다수로 연결된 형태를 의미합니다.(1 : 1 형태)

[프로그램의 특성은?]

전자-리더십 개발에 필요한 단기적인 교육프로그램입니다(단기적 리더교육).

멘토-멘제의 전인적인 개발을 위하여 일정기간 동안(6개월, 1년, 2년, 5년 등) 프로젝트 식의 컨설팅 프로그램입니다(장기적 인재 개발).

[조직의 효과는?]

전자-구성원에게 인간적인 면을 배려함으로 조직의 업무와 운동선수의 기량을 향상시키는 데 효과적입니다.

멘토-조직에서 멘제를 리더로 양성함으로 평사원의 의식을 리더의 의식으로 전환되어 인재경쟁력 확보에 효과를 거둘 수 있습니다.

## 문 9. 스타게임(Star Game)과 브레인게임(Brain Game)에 관한 질문입니다(서승균)

### 질문 1)-멘토링 리포트의 서문에 참고할 책은?

답변-광범위한 질문입니다. 제가 10권의 책을 출간했는데 각 책마다 서문 쓰기가 가장 어려웠습니다.

서문에 참고할 책은 『멘토링원리와 현장적용방법』의 서문, 『멘토링경영 실전성공전략』 서문], 『멘토링사례 조직별 모음집』 서문입니다. 그리고 20여 개 멘토링에 관한 논문이 있는데 그 부문에 서문을 참고하면 될 것입니다.

- 먼저 멘토링에 관한 리포트 제목을 정하면 좀 더 쉽게 서문을 작성할 수도 있습니다.

- 서울 류재석 대표 연구실(www.cmko.com)을 방문하시면 도서와 논문들을 열람할 수 있습니다.


## 질문 2) - 멘토링교육에 OJT도 포함되는지 여부?

답변 - 물론 포함됩니다. 그러나 시행방법이 문제입니다. 사실은 멘토링은 교육이라기보다는 일정기간 수행하는 프로젝트(Project)로 보아야 합니다.

그러므로 'OJT 멘토링 프로그램'에 관한 운영계획서를 만들어 도입과정 프로그램, 활동과정 프로그램 그리고 평가과장 프로그램을 적용하여 진행하면 훌륭한 멘토링이 되는 것입니다.

국내에서는 삼성화재 등 많은 기업들이 OJT멘토링을 시행하고 있고 기간은 대부분 6개월간을 채택하고 있습니다.

- 참고로 현행 기업에서 다루는 OJT와 멘토링과의 차별성을 아래와 같이 소개합니다.

| OJT | 멘토링 |
|---|---|
| * 회사업무중심 | * 사람과의 관계중심 |
| * 회사의 생산성향상이 목적 | * 인간관계, 애정, 신뢰 등 감정 – 정서적인 측면까지 반영 |
| * 회사생활이나 업무에 국한 | * 개인적인 삶도 중시 |
| * 수직적 계층관계, One Way | * 수평적 관계, Two Way |

차별화 내용:

1. OJT는 업무(Task)를 중시하지만 – 멘토링은 한 사람(One Person) 을 중시한다.
2. OJT는 생산성(Productivity)을 우선하지만 – 멘토링은 인간성(Humanity) 을 우선한다.
3. OJT는 직장인으로서의 갖춤을 중시하지만 – 멘토링은 인간적 인 삶 전체(인간으로서의 갖춤)를 중시한다.
4. OJT에서는 아무래도 사수와 조수가 업무로 수직관계가 되지만– 멘토링에서는 멘토와 멘제가 인격존중의 수평관계가 원칙이다.
5. OJT에서는 사수가 조수에게 일방적으로 베풀어 주는 시혜형 식이지만– 멘토링에서는 멘토와 멘제가 상호 유익의 나눔의 관계이다.

결론을 짓겠습니다. OJT와 멘토링은 외형적으로는 1 : 1의 형식을 갖추어 같아 보이지만 그 내용(contents), 즉 질적인 면에서는 많이 다릅니다.

**질문 3) – 스타게임과 브레인게임의 의미?**

답변 – 멘토링에는 크게 한 가지 목적에 두 가지 목표가 있습니다.

– 한 가지 목적 – 멘토가 자신의 역량을 최대한 발휘하여 멘제를 차세대 리더로 성장시키는 것이고 – 두 가지 목표는 1) 개인의 목표 – 인격지수(인간성장)를 업그레이드하는 것, 2) 조직의 목표 – 생산성 향상을 위해서 멘토 / 멘제가 일정한 목표를 가지고 활동하는 것

여기서 스타게임과 브레인게임을 비롯한 12가지 게임이 있는데 이는 개인의 목표 – 인격지수를 업그레이드하는 Tool로 사용되는데, 1) 스타게임(Stargame) – 인격을 다섯 가지 주제로 구분하여 50가지 설문도구로 측정하고 100점 만점에 실제측정 지수를 가지고 구체적으로 실제지수를 어떻게 업그레이드할까를 '멘토계획서'를 작성하여 활동기간 중 목표 관리하는 게임입니다.

– 5가지 주제내역

* Hightouch 마음지수)          10가지 설문  만점지수 20점
* Hightech 지식지수)           10가자 설문  만점지수 20점
* Highhealth 건강지수)         10가지 설문 만점지수 20점
* Highcontrol 자기관리지수)     10가지 설문  만점지수 20점
* Highrelation 인간관계지수)     10가지 설문  만점지수 20점

2) 브레인게임(Braingame) – 멘토링할 때 가장 부담되는 것이 멘토 / 멘제가 미팅할 때 소재를 무엇으로 할 것인가입니다. 바로 이 미팅 소재를 개발하는 기법을 말합니다.

## 문 10. 대학 멘토링에 관한 질문입니다(노승민)

특히 산업체에서 지원금을 받아 미국지역 멘토링 여행을 떠난다니 앞으로 귀국해서 멘토링 활동에 큰 기대를 가져 봅니다.

충분치는 않지만 아래 내용으로 답변을 드립니다.

### 1) 국내 대학에서 멘토링 프로그램을 도입할 필요가 있다고 생각하십니까?

답변-다수 학생을 지도하는 현행 체제에서 질적인 면에서 인성교육이 절실히 필요하게 되었습니다. 멘토링만큼 인성부문을 채워 주는 프로그램이 그리 많지 않습니다. 또한 살벌한 인간관계를 형님 아우 식으로 관계를 촉진함으로 대학가에 교수와 학생, 학생과 학생 간에 분위기 쇄신에 크게 기여할 것으로 예상합니다. 신입생 적응력 향상이나 입학재원 충원 멘토링에서는 대학 재정에 큰 보탬이 되는 프로그램으로 인정받을 수 있습니다.

### 2) 지금 몇몇 대학이 멘토링 프로그램을 실시하고 있는데, 그 효과가 어떻다고 생각하십니까?

답변-현재 10여 개 대학에서 실행하고 있는데 효과로 나타난 부분은

- 신입생적응력 향상 부분(강릉영동대, 충청대 등)
- 취업률 향상 부분(대전보건대, 숙명여대 등)
- 학습능력 향상 부분(대원과학대 등)

**3) 현재 국내 대학에서 실시하는 멘토링 프로그램의 문제점은 무엇이고 또 개선 방향은 무엇이라고 생각하십니까?**

- 학교운영적인 차원에서 도입하는 것보다 교수 개인적인 취향에 도입하고 있고
- 교육이벤트 식으로 도입되어 오래 지속하지 못하는 실정입니다

개선방향
- 대학에서 한 사람 정도 멘토링 전문가를 양성하는 것이 우선해야 할 일입니다
- 대학교수와 직원을 상대로 2~4시간 특강으로 대학 내 마인드를 조성하는 것입니다.
- 멘토링을 프로젝터 개념에서 이해하고 적어도 3개월 이상 준비기간을 거쳐 체계 있게, 즉 도입 프로그램, 활동 프로그램, 평가 프로그램을 챙겨서 적용하는 것입니다.
- 대학에 멘토링학과(예: 호서대 등)를 개설하여 교양과목으로 다루는 것입니다

**4) 미국 대학을 벤치마킹할 경우, 어떤 측면을 가장 중점적으로 보아야 한다고 생각하십니까?**

- 멘토 우선적인 면보다는 멘제 우선적인 멘토링 활동에 관점을 두고
- 한 사람 멘토가 멘제로도 동시 활동하는 멘토 체인화를 살펴보고
- 학교와 사회 조직 간에 멘토링 연결의 시너지를 살펴보고

- 대학마다 학생을 멘토로 사회봉사 활동하게 하고 보상으로 장학 금을 지급하는 등입니다.

## 문 11. 멘토링시스템에 관하여 묻습니다(조지현 지방공무원)

멘토링 도입에 관한 질문을 주신 것에 감사를 드립니다.

저희가 보유하고 있는 시스템 도입 자료는 기업, 대학, 교회, 군대 입니다.

공직에 관한 자료를 원하셨는데 일반 조직과 도입 방법에서 큰 차이는 없습니다. 단지 다른 점은 '어느 부문에 도입할 것인가'입니다. 이는 큰 문제가 아니고 저희와 상담이나 교육과정에서 자연스럽게 해결됩니다.

멘토링시스템은 어느 조직을 막론하고 아래 3과정으로 구분해서 실행됩니다.

1) 도입과정 프로그램

2) 활동과정 프로그램

3) 평가과정 프로그램

저희 홈페이지 '컨설팅현장실'과 '클럽실'에 많은 도입 업체와 자료가 소개되어 있습니다. 참고로 하시고 그 후 계속 질문하시면 답변해 드리겠습니다.

한 가지 부탁드리고 싶은 것은 먼저 자료나 도서를 읽고 이해하려면 꽤 힘듭니다. 한 번 시간 내서 무료 특강을 수강하시고 자료를 대하면 이해가 빠릅니다.

## 문 12. 리버스(Reverse) 멘토링에 관한 질문입니다(숙대 이수지)

미국에서 직장 상사와 부하 직원들이 서로의 발전을 위해 조언하고 보살펴 주는 '쌍방향 멘토링(Two-way-Mentoring)'이 유행하고 있다. 윗사람이 아랫사람을 이끌어 주는 전통적 방식에서 벗어나, 상급자도 부하 직원들로부터 의견을 구하고 가르침을 받는 기업 문화가 자리잡고 있는 것이다.

월스트리트 저널(WSJ)은 14일 "상사, 동료, 부하 직원 등 직장 내 모든 관계자들이 인사고과 점수를 매기는 '다면 평가제도'가 정착되면서 부하 직원들의 의견이 더욱 값어치를 내고 있다"며 이같이 보도했다.

신세대 직원들은 상사의 업무처리 스타일에 대해 장단점을 솔직하게 지적하고, 컴퓨터 사용법 등도 가르쳐 주고 있다고 전했다. 다음은 WSJ가 제시하는 쌍방향 멘토링의 성공 조건이다.

### 1) 서로가 마음을 열어라

기업 최고 경영자(CEO)부터 아랫사람을 '멘토(Mentor, 선도자)'로 삼으려는 노력을 보여야 한다. 경험이 일천한 직원이더라도 배울 점이 있다는 것을 상급자는 깊이 인식하라. 아랫사람 역시 '개방된 마음가짐'과 '솔직함'을 유지할 필요가 있다.

### 2) 목표를 설정하라

서로가 조언을 주고받는 일이 단순한 '일과성 만남'으로 끝나서는 안 된다. 명확한 약속 스케줄을 정한 뒤 반드시 이를 지켜라. 사전에 목록 작성을 통해 이번에는 어떤 목표를 위한 만남인지를 분명히 해 두면 좋다. 이 방법을 적용하면 서로가 미리 전문 지식을 활용해 상대방에게 보다 심도 있는 조언을 해 줄 수 있다.

### 3) 존경심으로 상대를 대하라

흔히 상급자들은 부하 직원을 '젊은 친구'쯤으로 여기는 경우가 많다. 나이가 30이 넘어도 부하 부하직원을 '아이(Kids)'로 부르는 CEO들도 있다. 이런 태도는 고쳐야 한다. 젊은 부하 직원들도 어떤 상황에서는 상사가 어리석어 보일 수 있다는 사실을 이해하고, 항상 존경심을 견지해야 한다.

### 4) 세대차를 인정하라

세대 간에는 태도나 표현의 차이가 있다. 특정 시대에 태어났다고 해서 상대방을 정형화하는 것을 피해야 한다. 오히려 상대방 세대의 특징들이 어떤 것인지를 파악해 보는 좋은 기회로 삼아라. '이것은 옳고 저것은 틀리다'는 식의 접근법 대신에 '두 세대는 참 많이 다르구나.' 하는 '현실 수용적' 태도가 바람직하다. 실제로 캘리포니아 소재 서터골드 의료재단 병원에서는 20대 신입 간호사가 입사하면서 60대 간호사와 3주간 한 팀을 이루도록 하는 쌍방향 멘토링 프로그램을 운영, 세대차를 이해하는 기회로 삼고 있다.(유영석 기자 한경 30, 12, 15일)

### ▣ 리버스(Reverse) 멘토링 사례 – GE 잭 웰치

1999년 Jack Welch 회장이 최고위간부 600명이 멘제(연령: 30~60대)가 되고 젊은 부하직원(연령: 20~30대)이 멘토가 되어 인터넷, 전자상거래 등에 관하여 쌍방향 멘토링을 실시했습니다. 64세의 Welch 회장도 37세의 Pam Wickham 부장(G.E.의 웹사이트 담당)을 멘토로 하여 인터넷에 관하여 배웠고 2차로 400명도 리버스(Reverse) 멘토링을 실시했습니다.

### ▣ 멘토링 성공 도입 다섯 가지 조건

멘토링을 도입할 때는 전문가의 조언을 듣고 체계적인 프로그램을 참고로 도입하는 것이 실패를 줄이고 성공률을 높이는 것입니다. 아래 다섯 가지 성공 조건은 멘토링코리아의 체계적인 프로그램에 포함된 도입에 일부 참고할 만한 자료입니다.

1. 먼저 목표설정을 분명히 합니다.
2. 멘토링 활동기간을 정합니다.
3. 시작일과 종료일을 명기합니다.
4. 멘제그룹 선정기준을 정합니다.
5. 멘토그룹 선정기준을 정합니다.

## 문 13. 멘토링 관련 통계를 묻습니다(유찬식)

### 답변 1) – 각종 통계 근거

1) 멘토링 도입기업 – 47,5%(잡링크 발표자료)
2) 대학생 멘토경험 – 43%(한국직업능력개발원)

3) 멘토링제도 성공사례 % - 삼양사, 포스데이타, 삼성테크윈, 동양
   기전(홈페이지 컨설팅현장 저창)
4) 외국자료 - 아래 4군데 자료는 - 홈페이지 왕국정보실>CEO자료실
 - 교재 "멘토링리더십과 기업경쟁력"에 수록하였습니다.
 - 맥킨지 컨설팅 - 멘토링체험자료
 - ASTD - 멘토링실적보고자료(03년)
 - 포춘지 - 도입기업 효과자료
 - CLC - 신입사원 이직률 자료

## 답변 2) - 멘토링 장단점

[장 점]
1) 전인적인 교육이 가능하다
2) 현실에 올바로 적응하는 법을 배운다.
3) 자신의 분야에서 멘제는 남다른 확신을 갖게 된다.
4) 심각한 문제들을 초기에 발견, 해결할 수 있다.
[단 점]
1) 경쟁의식이 유발될 수 있다.
2) 시간과 헌신에 대한 부담이 된다.

## 답변 3) - OJT와 다른 점
▣ 멘토링과 OJT 등 유사 멘토링
유사 멘토링 사례: OJT, 사수 / 조수 / 제도, 후견인 제도
　　　　　　　　　　가디언제도, 도우미제, 신병 / 고참제도

버디제도, FT제도, 지도교사제도, 코칭스킬

| 멘토링프로그램 | OJT 등 유사 멘토링 |
|---|---|
| 동호회 성격의 인간관계 | 라인 조직에서 업무관계 |
| 멘제중심 1:1 형태 | 사수 상사중심 1:소그룹, 다수 |
| 인간성>생산성 | 생산성<인간성 |
| 특수업무TFTeam에서 추진 | 정규업무 정규조직이 추진 |
| 활동 주체는 멘토 자생력 | 활동 주체는 조직의 방침 |

## 문 14. 멘토의 유형에 관한 질문입니다(이대 김민정)

먼저 멘토(Mentor)연구에 관한 세계적인 권위자인 Michael Zey 박사가 1984년 멘토링학자 23명으로부터 설문조사한 내용을 소개해드립니다.

설문내용 1)－어떤 속성을 가진 멘토가 멘제에 적합할까요?(23명이 중복 응답)
교사－17점, 충고자－8, 후원자－9, 안내자－11, 역할모델－12, 상담자－17, 코치－8, 보호자－1, 친구－5

설문내용 2)－멘토가 어떤 이력을 갖추어야 멘제에게 좋을까요?(23명이 중복 응답)
경력자－15 연장자－10 의지가 강한 자－9 신뢰와 안전성－5

능력 있는 자-6    지식-7    성공자-3    모험심-3    도전자-2

　국내답변-멘토의 유형은 먼저 멘토링 방식에 대한 것을 거론 후 답변해야 순서가 옳을 것 같습니다.

　-먼저 전통적 멘토링을 할 경우에는-위 질문에서 거론한 네 가지 유형이 근사하다고 볼 수 있습니다.

　-그러나 제도적인 멘토링을 할 경우-조직에서는 제도적인 멘토링을 도입해야 함으로 도입 목표에 따라 멘토와 멘제 유형이 달라집니다. 그러므로 위 질문 네 가지 유형은 조직 도입 멘토링에서는 상황에 따라 적용하지 못하는 경우도 발생합니다.


　사　례
1) 신입사원정착률 멘토링 경우-2~5년차 사원이 멘토로 좋습니다.
2) 경력개발 멘토링인 경우-그 방면에 자격증이나 숙달된 사원이 멘토가 되어야 합니다.
3) 핵심인재개발 멘토링인 경우-그 조직의 임원급이나 고참 부장급에서 리더십이 있는 자가 멘토가 되어야 합니다.


　결론-전통적인 멘토링을 할 경우는 유형을 10가지 정도 제시할 수 있습니다(자료 보유하고 있음). 그러나 제도적인 멘토링을 조직에 적용할 경우 그 적용부분의 목표에 따라 멘토의 유형이 달라져야 되기 때문에 그때그때 적용 목표 설정이 우선 되고 그 후 멘토를 정하는 것이 원칙입니다.

　참고로 신입사원 멘토링인 경우는 친구에 가까운, 즉 연령 차이가

적은 것이 훨씬 효과 적입니다. 후배도 특수분야의 노하우를 가지고
있을 때 멘토 역할이 가능합니다. 이런 멘토링을 쌍방향 멘토링(Co-
Mentoring) 또는 역멘토링(Reverse Mentoring)이라고 합니다.

동료 멘토링(Peer to Peer)은 조직에서 쉽게 접근할 수 있습니다.
학생과 학생 교사와 교수 동급의 구성원을 연결하면 됩니다. 그러나
국내에서 현재는 공개된 사례가 없습니다.

## 문 15. 멘토와 멘제의 선정기준은? (이선동)

[질문요약]
－이상동 과장님－어제 강의에 도움 됐다고 하니 감사하군요.
－질문하신 내용을 네 가지로 분류해서 답변해 드리겠습니다. 혹
시 답변이 미흡하면 질문을 추가하세요.
질문 1) 멘토 / 멘제 선정기준?
질문 2) 멘토 / 멘제 연결방법은?
질문 3) 전 직원 같이 교육받아야 하나요?
질문 4) 멘토 / 멘제 따로 교육받나요?

### <답　변>

### 질문 1) 멘토 / 멘제 선정기준?
먼저 회사에서 추진할 멘토링 목표를 먼저 선정하면 멘제는 자동
적으로 대상이 정해집니다. 예를 들어 '신입사원 정착률 향상 멘토

링' 하면 신입사원이 멘제가 되는 것이지요. 그러면 거기에 해당되는 멘토를 어떻게 선정할 것인가가 기준이 나와야 합니다. 예를 들자면 2~5년차 사원 중에서

1. 회사에서 인사고과 우수자든지
2. 부서나 팀에서 추천하든지
3. 본인이 자원하는 사람이든지

이러한 절차를 밟아서 회사에서 멘제인원에 맞게 문서명령으로 임명하면 됩니다.


### 질문 2) 멘토 / 멘제 연결방법은?

멘토링코리아에서는 멘토 / 멘제 연결은 멘토 / 멘제인원만 확정되면 도입Workshop시간에 연결 프로그램에 의해서 연결합니다.(연결 프로그램-Lynchpingame-성격 차이 극복게임)

1. 성격검사 해서 같은 성격끼리 연결하는 것이 원칙입니다.
2. 인원이 차이가 나면 나머지는 보완 성격끼리 연결해 줍니다.
3. 어쩔 수 없는 경우 극소수 인원은 다른 성격끼리도 연결해 줍니다.
   - 이성 간의 멘토 / 멘제 연결은 피해 주시고
   - OJT멘토링 이외는 직속상급자를 멘토로 세우는 것도 피해 주세요.


### 질문 3) 전 직원 같이 교육받아야 하나요?

전 직원이 적은 인원인 경우에는 같이 받아도 됩니다. 그러나 많은 경우에는 간부나 부서장급만 선발해서 멘토 / 멘제와 구분하여 2~5시간 정도 별도로 특강 수강하는 것이 효과적입니다.

**질문 4) 멘토 / 멘제 따로 교육받나요?**

특별한 경우가 아니면 멘토 / 멘제만 따로 도입Workshop시간에 받는 것이 좋습니다.

## 문 16. 멘토링 시스템 점검 표(Sheet)가 있을까요?(최병민)

[질문원안]

멘토와 멘제로부터 현재의 시스템과 운영에 대해서 의견조사를 하고 싶은데 참고할 만한 survey sheet가 있을는지요?(동부생명 최병민 인사 팀장 1 / 12일) 연락처는(02)3011-4081이며 회사 메일은 insa123@dongbulife.co.kr입니다.


(답　변)

조직마다 각기 적용하고 있는 멘토링 시스템이 다르기 때문에 귀사에 맞을지 모르나 저희 멘토링코리아에서 개발한 아래 여섯 가지 운영시스템 점검 Sheet와 기업에서 실제 시행했던 12가지 설문도구를 소개해 드립니다. 한 가지 유의하실 점은 평가방법(중간평가, 결과 평가)과 멘토 / 멘제 역량향상 평가도구는 이번에 제외했습니다.

[멘토링시스템 여섯 가지 점검리스트]

기준 1) 지도자급에서 멘토링을 얼마나 알고 있는가?

기준 2) 구성원들의 공감대 형성이 되어 있는가?

기준 3) 멘토링 추진팀들이 전문지식을 갖고 있는가?

기준 4) New Mentoring에 의한 프로그램 체계를 도입했는가?

기준 5) 회사에서 동기부여를 제대로 하고 있는가?

기준 6) 멘토들의 자생력이 제대로 발휘되고 있는가?

### 기준 1) 지도자급에서 멘토링을 얼마나 알고 있는가?

－체크대상: 사장, 임원, 실장, 원장, 부장급

(1) 멘토링을 체험한 사람은 누군가?

(2) 멘토링 강의를 들은 사람은 누군가?

(3) 성공사례 등 자료를 읽은 사람은 누군가?

(4) 멘토링의 내용을 전해 들은 사람은 누군가?

(5) 현재 멘토링 활동을 적극 지원하는 사람은 누군가?

### 기준 2) 구성원들의 공감대 형성이 되어 있는가?

－체크대상: 조직의 구성원

(1) 멘토링에 대한 기본교육을 받은 적이 있는가?

(2) 멘토링에 대한 훈화를 들어 본 적이 있는가?

(3) 멘토링에 대한 서적을 읽어 본 적이 있는가?

(4) 인터넷상에서 멘토링을 접해 본 적이 있는가?

(5) 추진팀에서 사내 On / Off Line으로 홍보했는가?

### 기준 3) 멘토링 추진팀이 전문지식을 갖고 있는가?

－체크대상: 추진팀장, 팀원, 모니터

(1) 멘토링 5시간 기본학습 이수자는 누군가?

(2) 멘토링 20시간 전문가과정 이수자는 누구인가?

(3) 멘토링에 대한 강의를 할 수 있는 사람은 누구인가?

(4) 멘토링 지도사 자격 취득자(60시간 이수자)는 누구인가?

(5) 멘토링 매니아(Mania)라고 생각하는 사람은 누구인가?

## 기준 4. New Mentoring에 의한 프로그램 체계를 도입했는가?

－체크대상: 도입체계 사항들

(1) 분명한 활동목표와 일정기간이 설정되었는가?

(2) 멘토와 멘제그룹에 대한 선정기준이 있는가?

(3) 멘토와 멘제의 연결 Tool을 사용하고 있는가?

(4) 멘토링 정규 및 특별 교육 프로그램이 있는가?

(5) 멘토링 시스템도입 12단계 매뉴얼을 활용했는가?

## 기준 5. 회사에서 동기부여를 제대로 하고 있는가?

－체크대상: 회사의 동기부여 구체적인 사례

(1) 멘토링에 대한 각종 교육 지원이 이뤄지고 있는가?

(2) 멘토링 데이((Mentoring Day)가 선포되어 있는가?

(3) 멘토와 멘제의 월간 활동비가 적절한가?

(4) 우수멘토와 우수 쌍을 선발하여 시상하는 제도가 있는가?

(5) 회사 내외에 적절한 홍보가 이뤄지고 있는가?

## 기준 6) 멘토들의 자생력이 제대로 발휘되고 있는가?

－체크대상: 멘토와 멘제

(1) 멘토의 선발이 자의적으로 이뤄졌는가?

(2) 멘토가 멘토링 정규교육을 받았는가? 그리고 보수교육 계획은?

(3) 멘토링 활동 중에 멘토들의 육성(Follow Up)대책은 무엇인가?

(4) 멘토가 멘제개발을 위하여 간섭 없이 전결권을 행사하고 있는가?

(5) 멘토에게 회사에서 제공하는 물심양면의 지원책은 무엇인가?


[활동 중인 멘토 / 멘제에게 모니터링용 12가지 설문도구]

－본 설문은 저희가 자문하고 있는 기업에서 실제로 시행했던 내용입니다. 설문 하나하나에 3〜5가지 선다형으로 활용하세요.


1. 귀하(멘제)의 부서장의 멘토링에 대한 관심도는?

2. 멘제 / 멘토의 미팅횟수는?

3. 멘토링실시 시 1회 평균 소요시간은?

4. 내(멘제)가 멘토링 실시목적에 대하여 아는 정도는?

5. 멘토링실시 시 귀하(멘제)의 이해도는?

6. 멘토링 미팅 소재는 주로 누가 설정했는가?

7. 미팅 소재는 귀하(멘토)가 수행하는 데 어떻게 느끼십니까?

8. 귀하(멘토)의 멘제에 대한 만족도는?

9. 현재 귀하(멘제)의 직무만족도는 어떻습니까?

10. 귀하(멘제)가 부서 배치 후 퇴직을 심각하게 고려한 경험이 있습니까?

11. 멘토링 홈페이지가 Open되었습니다. 귀하의 활용도는?

12. 멘토링을 활성화하기 위해서 현 시스템의 보완점 및 지원요망사항이나 제안사항은 무엇입니까?

# Chapter 7

## 멘토링 행정양식

─멘토링 행정양식은 멘토와 멘제가 실제 행동할 때 필요한 양식으로 결연식 순서,
선서, 약정서와 멘토 / 멘제 지원서, 멘토 및 모니터 월간 보고서 그리고 멘토링
활동일지와 실천계획서 등을 수록했다.

# 1절. 멘토링 결연식 프로그램 양식

## 1. 멘토 / 멘제 결연식 순서 양식

본 결연식은 멘토링도입 Workshop 기본교육을 마치고 별도의 시간으로 업체 주관으로 진행한다. 쉽게 생각하면 결혼식을 염두에 두고 격식을 갖춰 진행한다고 생각하면 된다. 가능한 한 CEO가 참석해야 하나 그렇지 못할 경우 반드시 임원 정도에서 격려사를 하는 순서를 진행하도록 한다. 당일에 하지 않고 별도 일정을 잡아 할 수도 있다. 아래 프로그램은 멘토링코리아에서 제공하는 샘플임으로 단위 기업에 맞는 형식으로 조정할 수 있다.

업체상호:                              결연일자:

| | | |
|---|---|---|
| 1 | 개회사 | 사회자 |
| 2 | 멘토 / 멘제 선서<br>1) 멘토 대표선서<br>2) 멘제 대표선서 – 멘제대표는 멘토대표 옆에 서서 진행한다 | 사회자<br>CEO |
| 3 | 격려사 | CEO |
| 4 | CEO 선물 증정 (도서 등)<br> – 멘제 대표<br> – 멘제(여) 대표 | |

| | | |
|---|---|---|
| 5 | 사진 촬영 (CEO와 함께)<br>– 단체 사진<br>– 멘토, 멘제 쌍별과 CEO사진 | 사회자<br>CEO |
| 6 | 축하파티(아래에서 주최자 선택)<br>–뷔페급 식사<br>–바베큐 파티<br>–음료 파티 | 사회자 |

**기타: 참고사항**

1) 멘토, 멘제 선서는 멘토, 멘제 쌍 단위의 대표가 아니고, 각각의 대표임
2) CEO의 선물은 도서. 결연식 후 멘토, 멘제 전원 배부
3) 여직원 멘제에게는 CEO의 도서 선물이 추가됨
4) 사진 촬영은 CEO와 직접 하며, 나중에 액자에 넣어 전달함

## 2. 멘토 / 멘제 선서 양식

[멘토 / 멘제 선서]

1) 멘토 대표선서
2) 멘제 대표선서 – 멘제 대표는 멘토 대표 옆에 서서 진행한다

```
┌─────────────────────────────────────────────────────────────────────┐
│                              [선  서]                                  │
│                                                                       │
│   저희는 제( 1 )회 멘토링 파트너로서 선정됨을 자랑스럽게 여기며 사장님과 동료 │
│  앞에서 다음과 같이 선서합니다.                                          │
│                                                                       │
│   * 멘토대표                                                           │
│   하나, 저는 멘토의 역할을 소중히 여기며 멘제의 역할 모델로서 멘제의 성장을 위 │
│  해 깊은 관심과 노력을 기울일 것을 다짐합니다.                            │
│                                                                       │
│   * 멘제대표                                                           │
│   둘, 저는 멘제로서 언제나 바른 생각과 겸손한 마음으로 항상 모범이 되어 멘토로 │
│  성장하는 데 최선을 다하겠습니다.                                        │
│                                                                       │
│   * 멘토 / 멘제 대표                                                    │
│   셋, 우리는 멘토링 활동 모임에 최우선을 두겠습니다.                       │
│   넷, 우리는 미팅시간을 상호 성실히 지키겠습니다.                         │
│   다섯, 우리는 멘토링 과정에서 알게 된 상호간 비밀을 언제나 보호하겠습니다.   │
│                                                                       │
│                              200  년      월      일                    │
│                              멘토대표 :            서명                  │
│                              멘제대표 :            서명                  │
└─────────────────────────────────────────────────────────────────────┘
```

## 3. 멘토 / 멘제 활동 약정서

```
┌─────────────────────────────────────────────────────────────────────┐
│                       [멘토 / 멘제 활동 약정서]                          │
│                                                                       │
│   멘토링 활동약정은 멘토 / 멘제가 공동활동하는 데 있어서 매우 가치 있는 도구다. │
│  멘토링에 참여하는 모든 멘토, 멘제들로 하여금 이 모임이 무엇을 하는 모임인가에 │
│  대해 공동관심사를 가질 수 있도록 도와준다.                              │
│   멘토링 활동 개시 시점이나 기존 활동이 만기되었을 때, 멘토링 참여자들은 아래의 │
│  질문에 대하여 서로의 의견을 모을 수 있도록 잠시 시간을 할애해야 한다. 모든 참여 │
│  자들은 사전에 충분한 시간을 갖고 토론과정을 거쳐서 약정에 서명한다면 마음으로 │
│  동조하고 멘토링 활동의 나아갈 방향성을 결정하는 데 기여할 수 있다고 느끼게 될 │
│  것이다                                                                │
└─────────────────────────────────────────────────────────────────────┘
```

# [ 약  정  서 ]

1. 활동목적: 우리의 활동은 멘토링 활동을 통하여 상호간 인간성장을 목적
   으로 한다.
2. 활동목표: 우리의 활동은 개인목표로 인격지수를 높이는 것과 회사 목표
   로는 신입사원 정착률 향상을 목표로 한다.

> 목표 예) 경력개발
> 목표 예) 지식전이
> 목표 예) 노사화합 등

3. 활동기간: 우리의 활동 기간은 12개월로 한다.(2006. 7. 1.~2007. 6. 30.)
4. 미팅주기: 우리의 미팅주기는 주 1회로 한다.
5. 미팅시간: 우리의 미팅시간은 매회 1시간 내외로 한다. 특별한 경우는 상
   호 협의해서 장단을 결정한다.
6. 미팅장소: 우리의 미팅장소는 사내외 등을 불문하고 자유롭게 정한다.
7. 미팅소재: 우리의 미팅소재는 목적과 목표에 합당하게 정하되 회사 경영
   소재, 가치관소재, 니즈 소재, 인격지수 소재, 생애설계 소재 등을 우선적
   으로 다룬다.
8. 활동규칙
1) 우선순위 – 우리들은 멘토링 활동모임에 우선을 둔다.
2) 참여의견 – 우리들은 미팅 시 자신의 의견을 말할 수 있고 모든 질문들이
   존중되어야 한다.
3) 비밀유지 – 우리들은 모임에서 다룬 내용을 외부에 대해서 보안을 유지한다.
4) 상호협력 – 우리는 특별 활동 프로그램을 계획 시 상호 충분히 논의한 후
   결정한다.(봉사활동, 가정방문, 체력단련식 등)

> 약정일 : 200  년      월      일
> 멘  토 :              서명
> 멘  제 :              서명

# 2절. 멘토링 활동 행정양식

## 1. 멘토지원서(Mentor Application)

성명:        부서:        소속장:

전화:        HP :        이메일:

| 지원동기: |
|---|

| 멘제에게 도움이 가능한 요건:<br>1 멘토링 수강경력<br>2 전공과목<br>3 자격증 및 지적재산권 등<br>4 조직에서 전문분야 및 핵심역량<br>5 기타특기 |  |  |
|---|---|---|
| **교육사항** | | |
| 학교 / 기관 | 학위 / 자격증 | 졸업 |
|  |  |  |
|  |  |  |

| 기타(교육 / 경험 등) |
|---|
| 상기와 같이 지원합니다.<br><br><br><br>200년     월     일<br>지원자 성명:          서명 |

| 최종심사결과를 아래와 같이 발표함 |
|---|
| 가함(     )   다음 기회(     )   재심(     )   유보함(     )<br><br>멘토링운영위원장 성명:          서명 |

## 2. 멘제지원서(Menger Application)

성명:          부서:          직위:          직속상사:
전화:          HP :          이메일:

| 지원동기: |
|---|
| <br><br><br> |
| 멘토에게 얻고자 하는 내용 |
| <br><br><br><br> |

멘토링 도움이 가능한 요건:

1 멘토링수강 경력
2 전공과목
3 자격증 및 지적재산권 등
4 조직에서 전문분야 및 핵심역량
5 기타특기

원하는 멘토를 3명 정도 추천하라.

상기와 같이 지원합니다.

200년          월          일
지원자성명:                    서명

---

최종심사결과를 아래와 같이 발표한다.

가함(    )          다음기회(    )          재심(    )          유보함(    )

멘토링운영위원장 성명:                    서명

## 3. Mentor 월간보고서 (  월)

| 구 분 | 성 명 | 소 속 | | 정기미팅요일 | 결연일 | 성격유형 |
|-------|-------|------|---|------------|--------|---------|
| | | 부 서 | 팀 | | | |
| Mentor | | | | | | |
| Menger | | | | | | |

---

**\* (      )월 멘토/멘제 미팅 활동내용**

| 미팅회수 | 월일장소 | | 소재내용 | 비고 |
|---------|---------|---|---------|------|
| 1차 미팅 | 월 일 | 장 소 | 1<br>2<br>3<br>\* 다음소재: | |
| 2차 미팅 | 월 일 | 장 소 | 1<br>2<br>3<br>\* 다음소재 | |
| 3차 미팅 | 월 일 | 장 소 | 1<br>2<br>3<br>\* 다음소재 | |
| 4차 미팅 | 월 일 | 장 소 | 1<br>2<br>3<br>\* 다음소재 | |
| 5차 미팅 | 월 일 | 장 소 | 1<br>2<br>3<br>\* 다음소재 | |

\* 멘토/멘제 관계보고　　　　좋음 -------- 5　4　3　2　1 --------안 좋음
\* 발생된 문제점은?
\* 기타보고 사항
\* 활동비 정산
　-총사용 금액 (　　　　　)　-증빙서 보완금액(　　　　　)　-증빙서 불비금액
(　　　　　)

## 4. Monitor 수시 보고서

| 구분 | Mentor에 관한 사항 | Menger에 관한 사항 |
|---|---|---|
| 인<br>적<br>사<br>항 | 성명:<br>생년월일:<br>부서:<br>직책:<br>주요특기사항: | 성명:<br>생년월일:<br>부서:<br>직책:<br>주요특기사항: |
| 활<br>동<br>실<br>적 | 1. 수시평가<br><br><br><br><br>2. 중간평가<br><br><br><br><br>3. 결과평가 | |

## 5. 멘토링 활동 일지

| 멘토: | | | | | |
|---|---|---|---|---|---|
| 멘제: | | | | | |
| | 일 자 | | 시 간 | | 장 소 |

미팅소재
1
2
3
4
5

결과 의견
1
2
3
4
5

차기 추진사항


멘토(Mentor)
1
3
4
5
멘제(Menger)
1
2
3
4
5

**\* 멘제의 미팅일지**

| |  |
|---|---|
| 1 미팅 일자 :<br>2 시간 :<br>3 장소 :<br>4 오늘 논의하였던 소재 :<br>5 오늘 배운 아이디어 :<br>6 오늘 가장 즐거웠던 내용 :<br>7 오늘 미팅에서 불쾌하였던 내용 :<br>8 오늘 마음을 변화시켰던 것이 있다면? :<br>9 오늘 미팅에 대한 논평 : |  |

# 6. 멘토링 활동 실천계획서

## 멘토 / 멘제 실천 계획서 (Braingame)

작성일자 :
멘 토 :               사인
멘 제 :               사인

| 개발 소재 | 측정지표 | 실천단계 | 필요한 지원 | 완료목표일 | 진행사항 |
|---|---|---|---|---|---|
| 마음지수<br>1<br>2<br>3<br>4<br>5 |  |  |  |  |  |
| 지식지수<br>1<br>2<br>3<br>4<br>5 |  |  |  |  |  |

| 개발 소재 | 측정지표 | 실천단계 | 필요한 지원 | 완료목표일 | 진행사항 |
|---|---|---|---|---|---|
| 건강지수<br>1<br>2<br>3<br>4<br>5 | | | | | |
| 자기관리지수<br>1<br>2<br>3<br>4<br>5 | | | | | |
| 인간관계지수<br>1<br>2<br>3<br>4<br>5 | | | | | |

# 멘토링 운영 매뉴얼 Mentoring Manual

• 초판 인쇄    2008년 11월 20일
• 초판 발행    2008년 11월 20일

• 지 은 이    류재석
• 펴 낸 이    채종준
• 펴 낸 곳    한국학술정보㈜
             경기도 파주시 교하읍 문발리 513-5
             파주출판문화정보산업단지
             전화  031) 908-3181(대표) · 팩스  031) 908-3189
             홈페이지  http://www.kstudy.com
             e-mail(출판사업부)  publish@kstudy.com
• 등    록    제일산-115호(2000. 6. 19)
• 가    격    30,000원

ISBN    978-89-534-9701-6 93320 (Paper Book)
        978-89-534-9702-3 98320 (e-Book)